成為對的人，比找到對的人更重要

不是愛情出了問題，而是認知需要升級！

Mr. P
自信教練
——著

前言

Part 1

為什麼有些人的愛情只剩習慣，有些人卻能昇華成靈魂相惜？

Part 2 你應該找一個愛你比較多的人嗎？

Part 3

Part 4／如何篩選出適合你的人

Part 7／

什麼是信任？如何達到無條件的信任？

Part 8 /

個性不合是要磨合？還是換一個更適合的？

Part 9

感情走到什麼地步可以結婚？結婚的意義是什麼？

Part 10／當關係走到什麼地步，代表可以分手了

Part 11／什麼是真正的幸福快樂？該從哪開始建構？

前言

確認關係了，然後呢？

確認關係了，然後呢？

交往三年了，然後呢？

結婚了，然後呢？

我在年輕時是一個非常嚮往戀愛，但卻毫無異性緣的人，為了談到戀愛我花了大把時間研究、學習，在歷經無數次失敗後，某天我終於和有好感的對象在一起了。

確認關係的那晚我很欣喜，覺得自己解開了人生成就，往人生勝利組更靠近。

可是在欣喜冷卻後，一個從沒想過的問題闖入了我腦袋，瞬間將我從戀愛的美好中驚醒。

那個問題就是我在開頭問你的：「確認關係了，然後呢？」當時的我立刻就被難倒了，難倒的原因是我只有曖昧經驗，但缺乏交往經驗，所以對於確認關係後的世界一無所知。

我不知道，情侶一個禮拜應該見上幾次面，

我不知道，什麼時候情侶應該要一起旅行，

我不知道，曖昧階段的約會，和交往後的約會差別在哪。

當時我帶著上述疑惑去問了親友，大家都熱心給了我建議，有人說一週見三次剛剛好，有人補充交往一個月就可以結伴旅行，有人忠告我，交往後的約會可以不必浪漫，但一定要用心。

這些建議聽起很合理，但總有一種說不上來，讓我隱隱覺得不適的怪異感，可是我覺察不到問題，所以還是採納了建議，按照他們的方式去談感情。

找不到感情的下一步

一晃眼時間過了好幾年，我總忙著安排約會，忙著做情人應該一起做的事，一起過生日、一起旅遊、一起看電影，幾乎要忘了當時的困惑。

然而某天夜深人靜時，我又再次醒覺：「不對，我似乎不是在談感情，這一切都非常不對勁！」

於是我開始抽絲剝繭地去思考，我問自己，這段感情若繼續談下去，我的下一步應該是什麼？

不問還好，我這麼一自問，頓時戳中了自己的恐懼，我找不到一個確切的答案，來解釋自己的感情該何去何從。

這時候我才明白，原來一直以來我恐懼的都不是「確認關係後該做什麼」，我恐懼的是，我看不到關係的未來，也品嘗不出關係的意義。

沒錯，我知道有朋友會說：「感情穩定，那下一步就是結婚啊，這還要想嗎？」

也有人和我說過：「結婚後，那當然就是生小孩，這不是天經地義的事嗎？」

可是種種的建言都讓我更加迷惘，為什麼所有人給我的建議，彷彿都出自同一套劇本？難道他們的人生夢想都是一模一樣的嗎？

為什麼每個人談的感情明明都不同，卻不約而同的遵循同一套規矩，難道每段感情的終點一定都得是婚姻？

我翻遍了能找到的書籍、文章，仍然沒能找到解答，與此同時，我當時談的感情也陷入了一個難解的危機，我既不想分手，卻也不想結婚，但若任憑時間徒耗，這段關係也談不出什麼意義，必然會逐漸凋零。

為了找到心中的答案，當時的我做了一個重大決定，我決定把別人告訴我的所有「規矩」都扔掉，憑著自己的感受、自己的體悟，重新去認識「關係」。

用全新視角，探索關係的本質

找尋答案的過程是艱辛的，這不是超級英雄電影，一覺醒來後就能大澈大悟，悟通世間真理，相反的，我挫折連連，數年間交往過幾任對象，都沒談出什麼深刻的感情。

有幾度我幾乎要放棄了，直到某天我開始反思：「會不會從頭到尾我都搞錯了關係的本質？也許關係的本質不在於『確認關係』，更不在於『結婚』，它其實更簡潔，更純粹呢？」

就以交友來說，你和好朋友需要確認關係才能成為好友嗎？而你和好朋友的感情能昇華為知己，是因為你們有立下結婚誓約，才實現知己的關係嗎？

順著這個思路往下，我透過反覆自問，反省自己的感情經歷，最終推理出了一套完整的思維，建構出了全新的戀愛系統。

這套系統帶給我的改變是顛覆性的，它不僅改變了我對戀愛的觀點，也讓我能用全新的視角看待愛情，透視關係的本質。（這套系統的上半部是我前一本作品《男人的愛情研究室》，本書為下半部）

為了驗證所想，我以自己為實驗對象，看看我帶著這樣的新觀念去談感情，感情的品質會有何不同。

親身體會後我發現，以往我在談感情時總會憂慮未來，擔心關係從密切變得疏離，為確認關係感到欣喜，又為分手感到悲傷，但使用這套系統後，無論感情狀態如何，我的內在都能保持快樂和滿足，從關係中讓自己更加完整。

創造你想要的愛情

在這過程中我和娜莎相遇了（上本書中提到的N），他和我一樣不想聽從別人的言語，想靠自己來追尋關係的真相，但不知道該從何開始，於是我作為引領，協助他理解我構思的系統，一同踏上了探索關係本質的旅程。

數年後，我們成功把彼此的關係，從普通的男女朋友昇華為夫妻，同時我倆的感情不單只有稱謂上的變化，從關係的本質來看，也達到了靈魂伴侶的高度。

在自己身上獲得成功後，我開始把對愛情的理解轉為更有系統，脈絡更清楚的教學，將其傳授給我身邊的人，以及我的學員朋友們。

嘗試以後，我收穫到的結果是令人驚喜的。

很多人都和我說，我帶給他們的觀念，徹底改變了他們談感情的思維，有些人分手了，但不像從前一般分得糾纏不清，而是能分得心甘情願，好聚好散。

也有幾對伴侶，他們按照本書的系統，改善了原本疏離、甚至瀕臨破碎的關係，現在能用更快樂自在的方式相處在一起。

這一切使我更加確信，如果人們能真正理解關係的意義何在，那就不會卡在不上不下的關係，被「該不該繼續交往」、「該不該結婚」等問題給困擾，而是能體會愛情真正的美好，創造自己嚮往的幸福。

如果你和過去的我一樣，你可以談到戀愛，但品不出戀愛的意義，你花了很多時間談感情，但不知道現在的感情該何去何從。

或再說得明白一點：

- 你想分手，找不到分手的理由
- 你想繼續，找不到繼續的意義
- 你想昇華感情，卻怎麼嘗試都無果
- 你和另一半交往三五年了，仍然看不到感情的未來
- 你不知道談感情除了結婚外，還能以什麼作為關係的指引

那我相信這本書，將可以解答以上你全部的問題。

本書我將帶給你的體驗，將不只是從方法上告訴你，該如何解決相處上的難題，同時我也會助你拓寬視野、釐清關係的本質、建立屬於自己的愛情觀，讓你不只是體驗到愛情的幸福，更具備能創造幸福的能力。

PART 1

為什麼有些人的愛情只剩習慣，有些人卻能昇華成靈魂相惜？

很多人談感情到了某個階段，其中一方往往會突然醒覺，自己身處的關係似乎喪失了悸動，再也回不去當年的濃情，並且不管他花再多心思、費再多努力，剩餘的愛終究會被習慣取代，關係中的兩人也不再是緊密無間的伴侶，而是活成了相敬如賓的室友。

有些人會把這種關係稱之為習慣，安慰自己說這就是愛情的原貌，世上哪有無限昇華的愛情呢？平淡不就是常態嗎？

也有些人認為，交往久了愛情本就會轉變為親情，沒有永遠的情人，只有永遠的家人，並把這種疏離的關係稱為老夫老妻。

你也是這樣看待愛情的嗎？你對關係的想法也是如此悲觀，充滿了沮喪和灰心嗎？

讓我告訴你，以上這些並不是關係的真相，那只是片面的說法而已，本章節我將為你揭開關係的本質，翻轉你對關係的想法。

理解真相後你會徹底明白，為什麼有些感情會隨時間褪色，有些感情卻能昇華為靈魂伴侶的高度。同時你對感情會有一番新的見解，並更透徹的知道，你正在談一段怎樣的關係。

交往越久，感情有可能越好嗎

有次我和娜莎同赴親友聚會，有一位和她年齡相仿的親戚小杉問我們：「為什麼你和娜莎感情這麼好啊？看你們不只是工作在一起，每次出來也一起，放假也一起。」

娜莎略顯困惑的回他：「我們喜歡在一起，所以做什麼都一起，這不是很正常的事情嗎？」

小杉說：「話是這樣說沒錯，但你們難道不會覺得很膩，偶爾想透透氣嗎？」

小杉說完這句話，一時克制不住積累的情緒，便向我們抒發了一陣他的感情現況，我們才知道原來小杉和交往兩年的女友，現在感情進入了「穩定期」。

照理說，穩定應該是好事，但小杉發現他們的相處品質和時間逐漸下滑，本來他以為這是很正常的現象，因為他身邊的朋友每個人都是這樣的，熱戀期如膠似漆，天天黏在一起，隨著熱戀的感覺一消退，相處時間大幅下滑，彼此開始把更多心力放在家人、朋友或是同事身上。

小杉說：「其實在看到你們的感情之前，我覺得感情就是這樣，剛開始熱烈，後來就會變淡。像我和我女友，雖然現在還是會一起吃飯、偶爾看個電影，可是假日也是各做各的事，我找死黨，她找閨密，很難像剛在一起那樣親密了。但我看你們從交往到結婚，感情不但沒有變平淡，反而越來越熱絡，我很好奇你們是怎麼維繫的？」

我們笑回：「你不是第一個這樣說的，已經好多人這樣問過我們。」

當天我們和小杉聊了數小時，我和娜莎輪流把彼此對感情的看法分享給小杉，也毫無保留的告訴他我們相處的秘密。

小杉聽聞後大呼慚愧，他意識到，原來自己過往認為，交往越久感情會越平淡，這樣的觀念本身就是有問題的，他不相信感情可以越談越熱烈，但這不是一個事實，只是他沒有為感情負起責任，才鑄成平淡的感情現況，而他也明白，自己和伴侶的感情會趨於平淡，並不是自然現象，一切都是有跡可循的。

而小杉的看法也讓我們發現，原來我們的日常，在外人眼中是讓人欣羨的情感，在思索沉澱過後，我發現自己看待「關係」的觀點，和一般人存在巨大的認知落差。

這些落差用三言兩語難以說清，可偏偏又是決定一段感情能否幸福的關鍵，以下請讓我繼續為你娓娓道來。

關係的本質

如果要探討什麼是「好感情」，我們就不能忽略一個重要的問題——人與人之間的關係，到底是怎麼形成的？我認為關係的從無到有，一定具備三個最重要的要素，我稱之為關係三本柱，分別是「主動創造」、「角色堆疊」、「雙向信任」。

我知道這些名詞你從未聽過，所以接下來我會從主動創造開始談起，讓你明白這三本柱分別具有的重要性，因為伴侶關係涉及更複雜的組成，以下我們先從最常見的關係「友誼」開始。

想想你最好的朋友，我想請問你，你認識他的第一天，你們就是最好的朋友了嗎？答案肯定是否，對吧？你們一定共同經歷了許多事件、回憶，在其中有深刻的情感交流，所以你們才結為好朋友。

通常過程是這樣發生的，你們本來是同班同學，上學期你們幾乎沒說過話，沒有任何交集，但在下學期因為分組報告，老師安排你們一起，於是你們一同製作專題，假日也相約討論作業，交集增加後，你們甚至會在特殊節日邀對方來家裡玩。

在這段期間，可能還有無數特別的事件發生，像是他告白被拒絕，你安慰他一切會都過去，你違反校規被記過，他情義相挺陪著你一起做愛校服務，他說錯話傷害了你，寫小卡片認真的向你致歉。

你們的情感在偶然間萌芽，然後在接連不斷的事件中成長茁壯，直到有一天你猛然意識到，對方是你的好朋友，他已經是你不可或缺的一部分了。

如果你細細反思，自己和他是如何成為最好的朋友，你會發現人際關係的形成，其實是由無數微小的事件構成的。

在這些事件中，只要某件事出了差錯，你們的友情就不會被建立，甚至可能會形同陌路，換言之，人與人之間的情感關係，它是有脈絡，有次序的，有因果的。

它必須依循著特定的方向發展，情感才會昇華，不論友情、愛情、親情皆然，然而很遺憾的是，大部分的人不明所以，他們對關係毫無所覺，任憑自己被隨機生成的事件所牽引，所以意識不到關係的生滅，自然也就沒有能力主動去改善關係。

那什麼又叫做主動改善關係呢？接著讓我用「愛情」來舉例，你就會明白了。

被動發生的關係

愛情是人際關係中非常普遍的存在，我們總認為它理所當然就會發生，不過你是否有清醒的覺知，自己的愛情是「主動創造」還是「被動發生」的呢？

被動發生指的是，一切都是機緣巧合，是外力為之，但倆人在關係中的覺知程度低，且他們的自由意志不為自己所控，於是莫名其妙就走在一起了。

以上文為例，被動發生的感情代表的是，一對情侶最終會交往，是因為「剛好」同班，「剛好」被老師安排同一組，又「剛好」有無數的事件讓他倆產生交集，所以他們不得不步入交往關係。

這樣的描述也許會讓你覺得很奇怪，照理來說，這就是上天註定好的愛情，是多麼浪漫，多麼可貴的一樁美事，怎會說是不得不呢？

如果你所謂的浪漫、天注定，指的是像小衫正在談的愛情一樣，它是老天爺賜給你的，一開始怦然心動，但熱戀期一過，它變得平淡、無味，激情不復，你感覺比起情人，你們倆更像是家人，那你的看法是沒問題的。

但若你嚮往的感情是，彼此不僅要有家人間的情感，也要有情人之間的濃情蜜意，還要有伴侶之間的相知相惜，那麼你就得修正自己對「不得不」的看法。

我對「不得不」的定義是，當事人在沒有足夠多選擇，沒有反思選擇後果的前提下，他給自己下了決定，這就是一個不得不。

所以你看那些常會後悔進入關係的人，他們的後悔，是不是有一種深深的不得不？

他們的台詞通常是：

「如果當時我可以＿＿＿，現在就不會＿＿＿。」

「早知道那時候我選擇＿＿＿，現在就可以＿＿＿。」

「我就是被他表面的＿＿＿給蒙蔽了，所以我才會＿＿＿。」

我不會說「不得不」是錯的，但這是一種對關係過度浪漫的解讀，這些人不去為自己的關係負上責任，只是任憑自己的人生被命運所擺弄。

也許在這其中真的會有一個極其幸運的人，他靠著生命給他的巧合，就得到了一段真摯的感情，但大多數的人肯定是沒有這般好運的，當你把關係的選擇權交給命運，那等待你的結局通常不會如你所願。

你不會和你的靈魂伴侶同班，就算同班也不會同組，同組也很難有更深的交集，所以最後和你在一起的人，通常不是你的最愛，也不是你的唯一，而是你的「將就」。

什麼叫將就？

其實你心裡明白，世界上有更好、更適合你的選擇，只是在你目前的際遇、環境、人生中，那個人離你很遙遠，你得付出努力，做出改變，甚至跳脫現有的生活圈，你和他才會產生交集。

於是你衡量利弊後，做了一個最簡單，也最讓你感到後悔的選擇，你將就，和一個你沒那麼喜歡的人在一起。

人只要一將就，對所愛之人、事、物的熱情也會逐漸冷卻，而當你將就習慣了，你會將就的也不只是愛情了，你會將就老愛佔你便宜，又割捨不掉的朋友；你會將就常造成你困擾，又不想引發衝突的家人；你會將就喜歡麻煩你，卻從不幫你一把

的同事。

因為不願為關係負責，長期下來對關係越來越無能為力，別無選擇之下，所以不得不的將就，這才是真實世界的現況。

關係生成的真相

- ☑ 所有人際關係的形成，都不是偶然。
- ☑ 因隨機事件生成的關係，並不牢固。
- ☑ 意識不到關係如何生成，就不可能改善現有的關係。

關係的第一柱：主動創造

與被動發生相對的，則是主動創造的關係，當你開始採取主動，你的人生將開展無限可能，脫離原有的限制，得到你要的愛情、友情、真情，以及各種你嚮往的人際狀態。

那什麼是主動？只要不乾坐等待，鼓起勇氣出擊，認識你想認識的人，這樣就能稱之為主動嗎？

不是的，這樣的主動頂多只能稱為「有行動力」，但這並非主動的全貌，主動指的不只是「主宰行動」，它所隱含的深刻意涵是：

「從現在這一刻開始，我意識到自己生命中的一切都其來有自，或許某些困難和阻礙確實是命運造成，但我永遠擁有選擇如何面對的權力，所以我會發揮百分之百的積極，朝我的目標努力。」

我知道很多人看到這，心裡會開始思考「看起來主動也不難嘛，我一直以來都是這樣做的」。

當你會這麼思考，我會認為你並沒有真正理解主動的核心，因為要放下被動，達到主動，中間其實存在著幾道關卡，在你破關前，你對主動只是字面明白，而非全身心的領悟。

關卡一：放下怪罪，責任歸己

如果要為「阻礙主動」做一個排行榜，我會放在首位的，必定是「怪罪」。

這是一個最普遍，大多數人覺得自己沒有，實則幾乎人人皆有的思維慣性。

不信的話，讓我為你點出幾個特徵，你可以檢視看看，你身邊的人，或是你自己，在關係中出現問題時，腦袋是不是這樣思考的。

1. 這是別人的問題，不是我的問題
2. 因為是別人的問題，所以我不打算處理
3. 若不處理會對我造成危害，那更加證明了我是受害者

你會在很多身處艱困關係的人身上，看到這樣的思維，這些人總是把受難當成怪罪的資本，緊守著這些資本不放，卻又不肯踏出去改善關係。

子淵是我好朋友的弟弟，一次他因為和伴侶的相處問題，透過哥哥介紹找到我，他說：「我覺得自己快受不了我女友了，她一直要求我為她做這做那，之前是要我載她上下班，後來又要我下班後一定要去陪她，一開始我覺得身為男友這很合理，可是我就算做到了，她還是可以提出新的要求，如果我不答應，她就會用『我不夠愛她』的說法來情勒我，請問我該怎麼處理？」

我聽完事情經過，大致知道他的觀點，但我同時也發現了，他隱隱的「以受害者自居」，於是我問：「那你希望事情怎麼發展呢？」

子淵說：「當然是不要對我求那麼多啊，我也有自己的生活，不可能所有事都

以她為主。」

我說：「那你有嘗試去向她表達感受，告訴她你的想法嗎？」

子淵嘆了口氣說：「我本來想說，但想想這好像也是我不對，她提的要求不能說不合理，有別的男生真的能做到，所以我就沒說了，況且說了大概也沒用吧。」

子淵的「沒用」兩字一說出口，我更加確定了他的思維問題，他已經不只是一個受害者，更是把自己的心境上升到了「忍辱負重」的程度。

我笑問：「聽你這樣說來，我不覺得你有很痛苦，某方面來說你也挺享受的啊，別人能做的你都能做，你應該要以自己為榮啊？」

子淵說：「但那是她逼我的，不是我自己要做的啊。」

我說：「可是你不說，她怎麼知道自己在逼你呢？」

子淵說：「我為了載她上下班，都要提早一小時起床，她看我那麼累也該要知道吧。」

我說：「所以她不知道就是她的錯，你是這麼想嗎？如果她知道你累，她還讓你早起去載她，那依然是她的錯，對嗎？」

後續我和子淵又進行了幾番對話來回，我提出更多問題，讓他能正視自己的矛盾，而子淵的思考的時間越來越久，到最後他終於和我說：「我想了想，自己好像也有錯，我應該嘗試讓她更理解我，而不只是一味的怪罪她。」

在子淵的眼中，他是這段關係的被害者，她女友則是加害者，當他這麼去定義關係，那他就會陷入「不得不」的陷阱，他不得不載女友上下班，他不得不滿足她的所有要求，他不得不去成為他人眼裡的完美男友。

我不是第一個給子淵回饋的人，據子淵說，他身邊的男性朋友，每個都非常為他抱不平，也有人勸他分一分比較快。

我不否認，分手是一種最簡單粗暴，且能快速解決關係矛盾的方法，就像離婚、絕交、斷絕關係，這些方法都很有效，反正我倆就是不適合，那換一個總行了吧？

可是你也要想想，換一個人，所有問題就真能被解決了嗎？

讓我告訴你真相吧，答案是不會的，世上不是每件事都有對錯的，你不能說「女生要求男生接送是錯」，因為「男生也必定有對女生的要求」，難道社會要把男女之間的每個要求都納入法律，依法列管嗎？

這是不可能的，對吧？再者，只要子淵持續以被害者自居，那他身旁的人永遠都會是加害者，因為他依然不願意為關係負責，只要他繼續選擇不表達感受、不溝通，那和他有關係的人，就無法知道子淵的喜好、界線、原則在哪，那他們又要如何拿捏和子淵相處的分寸呢？

因此當日的最後，我給子淵的建議是：「停止怪罪你身邊的人，別再任憑他人左右你，再來指責他人讓你滿身是傷。」

請注意，停止怪罪不等於對他人的意見「照單全收」，這是兩回事。

我要你做的，是跳脫「被害者框架」，**不論你現在身處任何一種人際關係，沒有人是有錯的，每個人都只是根據自己的喜好和個性做出決斷，所以才需要溝通，讓彼此都能更了解對方，相處得更自在和輕鬆。**

關卡二：擴大認知，釐清矛盾

當你能跳脫怪罪，知道要為關係負責，那下一個你會問的問題就是：

「我能負什麼責？在我當前所處的關係下，我能做些什麼？」當一個人能開始這樣思考，代表他想為自己和他人的關係負責了，這是非常好的徵兆，願意負責的人才是主動的。

但在你急著主動負責，急著去行動之前，我也得告訴你一件殘酷的事情，有些責任不是你想負就能負的，只要你的認知還被某種無形的力量給侷限，那即便你想做些什麼，也會不知從何下手。

那這股無形的力量是什麼？

我會說，這是你內在的思維因為互相抗衡，進而使你動彈不得，最後用錯誤的方式去經營關係，得到你不想要的結果。

男女約會誰買單

以年輕時的我來說，當時我常被一個微小但為難的問題困擾著——我和有好感的對象出來約會，應該是要各付各的，還是我全出，或是我請吃飯看電影，他請我喝飲料？

讓我感到為難的是，作為男生我應該得全出，這是社交基本禮儀，也是傳統社會默認的人之常情，可是當我這麼做，會不會讓對方覺得我太「大男人」？還是說，若我願意全出他會覺得我很大方，因此對我加分呢？

再來我也覺得，由我全部買單似乎不太公平，畢竟我和他都是獨立自主的成年人，那各付各的不就是天經地義嗎？我連和多年好友出門都是各付各的了，更何況只是和一個相識不滿一個月的人約會？

在這個時候，我感受到了我的內在，正被兩股互相制衡的思維困擾著，所以讓我無法做出行動。

我知道有人會納悶，P大你就選一個你開心的就好，管他是要各付各的，或是你全出，選一個「忠於自我」的答案不就好了嗎，為什麼要想那麼多呢？

如果你也這麼想，那也是很合理的，但我要說，這就是人會無法為自己「負責」的主因，因為人們根本不明白「什麼是自我」。

什麼是自我，關鍵在你的選擇

在這微小的事件中，想維持男子氣概，所以要幫女生買單的人，是自我；想彼此尊重，平等對待所以要各付各的人，也是自我；想留下好印象，希望能更加溫情感的人，是自我；想自然而然發展，留下壞印象也無妨，合則來不合則散的人，也是自我。

因此光是誰買單這件事，就產生了「四個自我」，他們各自制衡，各自矛盾，那到底哪個自我，是真實的呢？

我最終得到的答案是，每一個自我都是真實的，所以他們才會僵持不下。所以關鍵並不是誰真誰假，而是作為這些自我的主人，你想要讓誰是真的？誰是你的最終選擇？

不要小看你做的選擇，以我來說，如果我選擇守著「男子氣概」，決定全部買單，那我就不能去抱怨「對方佔我便宜」，因為這是我心甘情願去做的，那何來佔便宜之說呢？

同時我也得接受，對方可能不認同我的「男子氣概」，他對於被請客可能不是那麼自在，那我們就不會在一起，關係會回復到普通朋友的交情。

在歷經一番思想交戰後，我最後決定選擇「各付各的」，但我這麼選，不是因為「害怕對方不喜歡我」，也不是因為什麼「天經地義」。

我這麼選的原因是，我本來就不是以「一定要追到」為目的來認識對方的，我是想更加了解他，也更讓他認識我沒錯，所以我盡可能表達我的真善美，至於他要不要選擇我，那是他的課題，也因此我選擇了最讓我感覺舒適、自在的自我。

負責建立於你沒有矛盾

看完我的故事，不知道你吸收了多少呢，你是否開始意識到，你不應該去輕視你在人際交往中會碰到的每件小事。

因為這些小事都不是獨立事件，它們的背後都是一串龐雜的想法和觀念所組成，而很多時候你會陷入抉擇的兩難，或產生懊惱、不耐煩、生氣的負面情緒，其實都是你自己造成的，和他人無關。

以我來說，如果當下的我沒有意識到「自己的認知矛盾」，我繼續幫對方付錢，最後我們沒有走入交往，那我真的能接受嗎？我心裡難道不會有一丁點的聲音說「你看，女生就是喜歡佔男生便宜」嗎？

我曾看過很多內在矛盾的男性，他們一來認為戀愛需要用追的，二來又認為金錢攻勢可以打動女性，所以他們不惜砸下重本在約會上，可是當他們追求不成，便會翻臉向女生索討約會以來的所有花費。

這類男性的問題就是我說的「內在矛盾」，讓他付錢，他覺得不公平，是對平權的迫害，不讓他付錢，他又覺得自己喪失了男子氣概，所以他們對女性的怒氣其實不來自女性，而是源於自身，他們一方面覺得兩性應該要平權，沒有誰低於誰，一方面又極盡所能討好女性，那他怎麼可能談到一段真正適合他的感情？

先搞清楚什麼是自我

買單這件小事是如此，生活中的種種事件也都是的。

當你的自我總是矛盾、互相抗衡，或者你是一個耳根子軟，常聽信別人意見的人，那我可以斬釘截鐵的告訴你，現在的你，尚未準備好要踏入一段長期關係。

因為你的自我不一致，你的內在一團混亂，所以對於身邊人的對待，你自己的原則、界線，相處模式，你總是有兩套以上的標準。

今天心情好，你覺得伴侶是神隊友，老闆英明神武，父母慈祥開明，兄友弟恭，朋友都是生死之交。

明天你心情不好，你會把伴侶貶為豬隊友，老闆是慣老闆，父母專制蠻橫，親人之間互相猜忌，朋友都是狐群狗黨。

因為你總處於矛盾，所以每天的心情都在大起大落間往復，這樣的內耗是無疑是一種折磨，折磨他人，更折磨你自己。

要停止這一切，你得搞清楚什麼是自我，給自己一個明確的定義，你想成為怎樣的人，這才是你做出想讓關係改善的行動之前，你需要做的最重要的決定。

為什麼你該主動

現在我想你已明白，主動創造的真實意涵了，主動的意思是，你永遠相信自己可以做些什麼，來讓這段關係有所變動。我之所以用變動來形容，是因為我希望你知道，不是所有的關係，都一定會改善。

你可能會付出很多努力，但對方無動於衷，也可能對方的主動被你喚醒，你們共創美好的關係，也可能你的主動最終讓雙方認清，比起密切的關係，你們更適合做回點頭之交的朋友。

有朋友會問：「聽起來主動也未必會讓關係改善，為什麼我們還要主動？」我的答案是，因為**當你主動了，你才不會後悔，你不會在某一天午夜夢迴時，還想著過去你沒有主動，所以無疾而終的那段關係；你也不會留下遺憾，情不自禁的想著，也許前任更適合你；當你主動了，你盡了全力，且讓所有發生在你身上的人際關係都劃下句點，那你就把能量專注於現在，用心對待現在的伴侶，尊重自己現有的關係，並帶著無愧的心去生活。**

【至於什麼叫做真正的不留遺憾，請參考 Part 10 當關係走到什麼地步，代表可以分手了。】

如何做到主動創造

☑ 停止怪罪別人，想追求幸福的人是你，所以你該主動。

☑ 先調和自己的內在矛盾，你才能做出無悔的選擇。

關係的第二柱：角色堆疊

接著要介紹的，是和主動創造同等重要，卻時常被世人誤解的概念，叫做「角色堆疊」。

角色的原始定義是，演員扮演的劇中人物，在本書的定義則是，你在和某人相處時，你是帶著怎樣的視角、心態、思考、情緒，去經營這段關係，我稱之為角色。

角色很特殊的地方在於，它超越了傳統上我們對關係的認知，所以當你想要解構一段關係的本質，用角色思維去剖析，就可以洞察原本捉摸不到的事情。

比如說男女朋友（情侶），這是一種極為常見的關係對吧？但每一對情侶他們所扮演的角色，都會是一樣的嗎？他們一定富有浪漫與火花，是彼此最好的情人？他們可以暢談心事，互相給予支持和鼓勵，是彼此最好的知己？他們能共同面對生活的難關，當彼此最可靠的夥伴？

稍微想想，你就知道肯定不是，情侶只是表面上的稱謂，但稱謂只是稱謂，無法完整展示關係的本質。

由於角色堆疊的概念非常複雜，在此先讓我用一個簡單的舉例來為你說明，什麼是角色，什麼是堆疊。【針對角色的全面解析，請參考 Part 3為什麼剛在一起總無話不談，交往久了卻無話可說】

交往久了愛情會消失，只剩親情

年輕時我常聽很多老夫老妻和我說：「交往久了，愛情會消失，只剩下親情。」他們諄諄告誡我，千萬不要因為一時衝動，選擇一個讓你心動的人在一起，你應該選一個能過日子的人，而不是一個有魅力吸引你的人。

當時我很困惑，如果選擇一個不心動的人，那交往的意義是什麼呢？別說結婚，我繼續保持單身就好了，何苦去建立一段關係來為難自己，也為難他人？

一般人聽到這些告誡，可能聽過就算了，不以為意也不會放在心上，但恰好我是一個凡事都想探究真理的人，因此對於他們的警語，興起了想要探明真相的想法，我開始觀察週遭的人，看看誰失去了愛情只剩親情，誰的愛情仍在，或是有沒有哪對夫妻，什麼情都失去了。當時我的身邊剛好有兩對夫妻，由於他們秉持的相處原則完全迥異，因此成了我絕佳的觀察對象。

第一對夫妻是各自獨立派的，他們的交往宗旨是，感情要留給彼此一點空間，雙方都要有各自的生活重心，互相尊重的感情才會長久。

第二對夫妻則是密切相處派的，他們認為既然要在一起了，那就要花時間相處，伴侶關係是最親密的，比起把時間給外人，不如把時間給對方，如此才是談感情的意義。

在觀察了數年後，這兩對夫妻的感情，分別都起了變化，那你猜猜看，誰的感情更好，關係更和睦、穩固，誰的感情變差，開始出現頻繁的嫌隙與爭吵呢？

我得到的答案是，他們的感情都變好了，但也變差了。

我猜你一定很困惑，P大這是在說什麼啊？感情不是變好就是變差，怎麼還有好壞一起發生的，這有可能嗎？以下就從「角色」的角度切入來分析。

不是只剩親情，是成為了室友

先說第一對夫妻，他們嚮往的是各自獨立的感情，所以一開始就刻意維持疏離，也因此他們從來沒有把對方當成人生的首位。

今天晚上本來說好要約會，但臨時需要加班，那當然是加班優先，約會就排在工作的空檔就行；假日約好要出遊，有朋友想要加入行不行？當然可以，人多才熱鬧，專屬的兩人旅行，就之後再說吧。

因為他們的決策方式是如此，所以他們自然沒有花時間，也沒有花心力去專注於「情人」的角色。每次有機會和他們聊天，他們分別都會和我說：「結婚到現在，感覺愛情逐漸消失了，現在只剩下親情。」但他們對此也不想改變，反而又自我安慰道：「談感情就是這樣嘛，熱戀期總會過去的。」

看到這我想請問你，你認為他們的自述合理嗎？他們之間真的只剩下親情嗎？我認為不是的，在我的視角內，他們固然是沒有了愛情，但親情也同樣無存，他們關係內仍存續的角色，僅剩朋友和室友而已。

什麼是愛情？在我的定義內，愛情是情人、知己、夥伴等三重角色的並存，能完美揉合這三重角色的關係，就可以稱為愛情。

但第一對夫妻並不是如此的，他們雖然偶爾會看電影，下班會一起在家吃晚餐，但他們聊天只聊時事和新聞，不分享生活，不聊彼此的感受，碰到事情不向對方求援，也不想理解對方的興趣，他們只是因為名分使然，所以居住在同一空間下，共同分擔水電和租金。

這樣的關係，當中含有親情的成分嗎？從法律上的婚姻來看，有，因為身分證上標記了他們雙方是夫妻，但從相處的狀況來看，沒有，夫妻只是稱謂，不代表真實的情感。

那為什麼我會說，他們的關係變得更好呢？因為就他們雙方的反饋來說，他們變得更少吵架，更知道彼此的界線，也更懂得去尊重對方了。不吵架、沒有摩擦，也不再需要磨合的感情，確實可以稱得上更好沒錯吧？

可是最矛盾的點也在這裡，在我看來，他們的不吵架、無須磨合，都是建立在他們把關係從情侶轉變為室友，室友本就不需對關係負責，只要遵守生活公約，家務有分工，水電費有按時繳納，彼此就是完美的室友了。但反過來說，關係從情侶倒退回室友，是不是也變壞了呢？

名為夫妻，實則互為室友的婚姻

- ☑ 不爭吵，所以沒有摩擦、無需磨合。
- ☑ 各自獨立，但沒有互相依賴，遇事不求援全靠自己。
- ☑ 不需對關係負責，只要家務有做，水電費有按時繳納即可。

除了親情，還多了新的角色

接著是第二對夫妻，他倆發展出的關係，和第一對是完全迥異的，可是在這數年間，他們卻也沒少和我說過：「交往久了，愛情會消失，只剩下親情。」很特別對吧？兩對夫妻，感情經營的方向明明不同，得到的結論竟然是一樣的，其中發生了什麼呢？

第二對夫妻的生活起初是甜蜜的，在一起的前幾年，他們是眾人眼中的模範情侶檔，總是出雙入對，到哪裡都可以看到他們的身影，很多人以為，他們會一直這樣幸福下去。

然而他們的幸福，在結婚後發生了翻天覆地的變化，婚後第二年他們有了孩子，因此分別多了父母的角色，期間又因為一起創業，他們還是彼此的事業夥伴。

吵不完的架就從這開始了，他們總是對事情的輕重緩急有分歧，比如這個月臨時接了一筆大訂單，一方覺得賺錢重要，有錢才可以給孩子更好的生活，一方覺得陪伴孩子更重要，這筆訂單就不該接。

不過吵架歸吵架，婚後的生活也不是全然沒有收穫的。他們都是非常負責任的父母親，因此常會和我分享，孩子讓他們更加成長，使他們成為更好的人，唯一使他們感到遺憾的是，他們的愛情隨著時間一起逝去了。

那你認為這樣的感情，是所謂的「只剩下親情」嗎？我的定義是，是，也不是。親情的意思是，你們是彼此的家人，因為是家人，所以你永遠支持他，永不捨棄他，家人可以給你力量，也可以為你帶來溫暖。

他們在家人的角色上，收穫了更深刻的情感，原本他們只是夫妻，現在透過孩子的凝聚，他們成了父母，所以當他們一條心想給孩子最好的，家人的角色就會更堅固，因此我才會說，他們只剩下親情。

可是除了親情外，他們就沒有別的情感存在了嗎？不是的，他們還是事業上的好夥伴，創業是非常艱辛，也非常容易發生摩擦的，夥伴之間因為意見不合就拆夥，也是很常見的。

但他們沒有在工作上產生衝突，反而因此催生出了創業維艱的革命情感，那是一種完全不同於家人和情人的情感，所以他們不是只有失去，同時也在獲得。

角色堆疊是必須的嗎

至此，你應該稍稍明白，什麼是角色，什麼又是堆疊了。

角色不是恆定的，他可以被創立，可能會消失，就如同第一對夫妻，他們身為情人的角色消失了，但身為室友的角色被創立了。

角色也可以存在的基礎上，達成向上昇華，比如第二對夫妻，他們婚後就是家人，已經有穩固的親情，而孩子出生後，他們的親情更加成長，成為更緊密的家庭。

而當兩人之間創立了新角色，此角色佔據了極大的重要性，再和其他角色相互作用，堆疊就會發生。第二對夫妻就是如此的，他們本來只是夫妻，現在更是事業夥伴，以往他們僅是不離不棄，現在對彼此更多了才華上的欣賞與欽佩。

我觀察這兩對夫妻多年，再佐以對眾多情侶的體察，期間我也不忘反省自己，檢視自己過去的情感，最終才得出了上述結論，角色可以被創立，也可以被堆疊。

然而我在得到時，內心也不完全是欣喜的，反而產生了更多的困惑，第一個困惑是，角色堆疊看起來極其困難，雖然第二對夫妻有了新角色（事業夥伴）沒錯，但他們原有的角色（情人）也因此受到影響，這樣的關係能稱作靈魂伴侶嗎？第二個困惑，一段關係真的需要角色堆疊嗎？難道我不能把角色分散，如此所收穫到的情感，也不會少於堆疊吧？

我曾聽過一個經典的笑話，充分的把「堆疊之難」和「分散之易」做了鮮明的對比，笑話是這麼說的：有位為情所困的女子，她因為一直尋覓不到適合的伴侶，費盡千辛萬苦，終於找到一位深諳情感之道的智者，她懇求智者給她建議。

智者說：「你的感情之所以不幸福，是因為你不懂得挑男人。」

女子說：「那我該怎麼挑才會幸福呢？」

智者說：「找個能讓妳笑的男人。」

女子聽了很高興，歡笑確實很重要，趕緊把智者的建議抄下來。

智者續言：「找個有穩定工作的男人。」

女子想了想，有穩定工作的人才值得依靠，這也很有道理，她也把此條件抄進筆記。

接著智者又說了：「找個喜歡做家事的男人，找個誠實的男人，找個在親密關係方面能契合的男人。」

女子有些動搖，她覺得智者的建議都很棒沒錯，但她真的找得到這樣的人嗎？此時智者才緩緩說：「最後，也是最重要的一點，不要讓他們五個人見面。」

此笑話雖有違道德，但其中的道理，直接命中了我當時的困惑，如果某人想和自己的伴侶，發展出靈魂伴侶般的關係，他想要伴侶是他的知己、夥伴，也是情人和最好的朋友。那按照智者所言，他是不是也可以把角色分散開來，這樣事情會更容易呢？

請別著急，我不是要你聽從智者之言背叛伴侶，我的意思是，你只需要把伴侶當成情人，把你要好的同事當知己，把高中死黨當成夥伴，把前輩當成你最好的朋友，那你得到的體驗，不也和「擁有一位靈魂伴侶」是一樣的嗎？況且你的風險還更低，這些人是可以碰面的，碰了面還能一起聊聊和你相處的種種，豈不樂哉？

昇華感情的捷徑

此問題困擾我多年，直到某次我聽到美國前總統歐巴馬，他在分享與夫人蜜雪兒的相處時，我從他們的故事得到啟發，當下澈悟，把所有的困惑都釐清了。

歐巴馬在結婚二十九週年紀念日上，發布了一則照片，他寫道：「我最好的朋友（蜜雪兒），我無法想像沒有你的生活。」蜜雪兒也貼上兩人新舊照，隔空回應歐巴馬的情意。

由於大家對他們的感情十分好奇，所以在某檔節目中，蜜雪兒又向聽眾分享：「如果你在結婚時是在尋找一個團隊，你會想要找到一個能一起贏得勝利的人，也是一個強大的人。」

當時我就想，為什麼他們成功完成了角色堆疊，但其他人卻不行，一般人和他們的差別在哪裡？

一邊想的同時，我看到了關鍵字「贏得勝利」，我不認同人生一定要得勝，因為每個人對勝利的解讀都不同，所以和他人比較輸贏，是完全沒意義的。

不過勝利這兩字，也可以解讀成「對生活的想像」，你對人生存在某種想像，你嚮往那樣的生活方式和氛圍，所以你才會努力，才會去自我提升，而當你確定，自己的人生持續朝你的想像前進，這樣的人生就是勝利的。

若你這樣看待人生，那你的確需要一位具備「多重角色」的人來成為你的靈魂伴侶，因為只有你們才可以互相成就，互相激勵，互相扶持。

那為什麼必須要是同一人，而不能是情人歸情人、知己歸知己，夥伴歸夥伴呢？

答案非常簡單，因為你們對生活的想像並不一致，試想看看，當人與人之間的意見出現分歧，你是整合五個人的想法容易，還是整合兩個人的容易？

當五個人發生糾紛，需要你來協調處理，對比起兩個人觀點有出入，哪一個更好處理呢？

我相信，你不用思索就會確定，一定是兩個人更加容易，因此你是否要和伴侶完成「角色堆疊」，這不是一個對或錯的問題，而是一個選擇的問題。

當然，我知道用「能否實現對生活的想像」做為理由，有部分朋友一定會說，這樣是否太務實了，交往看的是應該是真情吧？那從情感的層面來看，角色還需要堆疊嗎？以下我引用歐巴馬的另一則短文為你說明。

歐巴馬說：「結婚紀念日快樂，蜜雪兒！過去的二十九年內，我喜歡透過世界來認識你，不只是作為女兒，同時作為母親、律師、作家、第一夫人和我最好的朋友，我沒法想像生命中沒有你的時刻。」

我認為在這則短文中，他想說的就是角色堆疊的重要性了，他透過和蜜雪兒擁有的不同角色相處，更加認識他，感情也更昇華。

這也是角色堆疊的核心，你想和伴侶實現角色堆疊，其實和你與他人的關係並不衝突，你和伴侶可以成為知己、好友和情人，但這並不影響你和你的子女、家人，也發展出同好、死黨、夥伴的關係。

角色堆疊不是必須的，它是一道選擇題，無論你怎麼選你都是對的，但如果你不想和另一半只是情人，或是交往久了只剩下親情，你想和他共創靈魂伴侶的情感，角色堆疊就會是那條解答你所有困惑，帶你領略高維幸福的捷徑。

為什麼你需要角色堆疊

- ☑ 因為你對人生有追求，你需要一個和你方向一致的靈魂伴侶。
- ☑ 你希望你的伴侶，也可以是你最好的朋友、夥伴和知己。
- ☑ 你和他的角色越多，倆人之間的感情就越深厚。

關係的第三柱：雙向互信

我曾做過一個調查，針對戀愛中的情侶或是已婚夫妻，我問他們：「你覺得談感情最重要的是什麼？」百分之九十九的人都和我說，最重要的是信任，信任一旦被打破了，那關係就再也回不去了。

信任很重要，這是世人皆知的簡單道理，可是當你問另一個問題：「那感情應該怎麼保鮮？」

他們又會說：「要保持神祕感，對方才會持續被你給吸引。」

這樣的思考迴路有趣極了對吧？上一秒他們明明一再強調信任，這一秒卻又想打破信任？

再者，如果上述邏輯為真，那所有的感情談到後來，豈不是死路一條嗎？

你明知道信任很重要，打破再難復原，可是礙於你和伴侶越信任對方，你們對彼此越沒有吸引力，為了找回戀愛的感覺，你唯一的選擇是用神祕感取代信任。

如果上述的難題考倒了你，接下來就讓我為你拆解，什麼是「普通的信任」，什麼是「雙向互信」，當你能理解信任的本質，信任就可以為你所用，成為支撐美好關係的核心。

信任被打破的真相

先說結論，當你感覺信任被打破，讓你感到難過的，並不是對方的行為，你真正在意的，其實是「錯誤理解對方的自己」。

為了讓你明白其中緣由，讓我們從交往前都會經歷的「曖昧期」開始說起吧。

體驗過曖昧的人都知道，曖昧的滋味既酸又甜，你的心總是被對方的一言一行牽動，每天腦袋裡想的，就是期待對方的訊息、猜測對方的心意，一邊因期待落空而嘆氣，一邊又因猜測屬實沾沾自喜。

那我想問你，你認為在曖昧階段，你和對方之間存在「信任」嗎？

你們是否有默契，彼此都只專注於對方，不再和其他有好感的異性來往？

你們是否都認同，如果真的不來電，彼此會把話說開，不再浪費雙方的時間？

你們是否都清楚，這次的交往僅是交往，而不是以結婚為前提？

我猜你甚至都不用思考，就會告訴我答案是NO，因為你會說，不論對方怎麼想，那都是他的課題，他本來就不一定要告訴我，這和信任無關。

而你怎麼想，也是你的課題，你本來就有自己的選擇，你為自己的選擇負責，可是對方要怎麼看待你，不是你能夠干涉的。

如果答案是如此，那問題就來了，為什麼曖昧期的你能接受「低信任」，可是交往後的你卻對於「信任不夠」感到憂慮呢？

比較聰明的朋友，應該會想到，也許問題出在「承諾」，兩個人會交往，一定是有「確認關係」，確認關係是一種承諾，既然做出承諾了，那雙方就要「給予信任」，若有人破壞了信任，他就需要好好反省。

若你也是這麼想的，再讓我反問你，那假設你們在眾人面前確認關係，昭告天下你們已正式交往，你們的信任就堪比金石，再也不會被打破了嗎？

信任的本質不是我相信

當我們把問題鑽研至此，你會發現信任的本質從來就不是「我相信」，不論你是上個月才確認關係，或是和伴侶交往多年，你相不相信他，都不影響客觀的現實世界。

舉個例子，若你在確認關係後和自己說：「我百分之百相信我的另一半，他絕不會做出讓我難過的行為。」

請問你的相信，能夠影響他的言行，讓他百分之百能做到，在生活中每件大小事上，都不會傷及你的情感嗎？

這是不可能的，他不是你肚子裡的蛔蟲，他不可能知道一切可能會傷及你感受的事，所以就算你們已經確認關係，甚至有了婚約，他仍然會讓你難過。

而即便你不只是跟自己說我相信，你還請他當面許諾：「請你答應我，我相信你不會讓我傷心。」

他凝視你的眼神，無比真誠的承諾：「我答應你，我絕對不會讓你傷心。」

此時你們的信任不只是「我相信」了，還額外為此加上了一道名為「承諾」的保險，這份信任看起來夠堅固了吧？

但很遺憾的，我必須點醒你，他還是會讓你難過，因為你們訂下的承諾只是「不讓你傷心」，可是你們不可能列出完整的細項條約（即使你們想，也做不到），比如他絕對不會和異性單獨出門，他絕對不會主動和異性搭話，在條約不完備的情況下，這份承諾只保障「他的心意」，但不保障「你的以為」。

什麼叫做他的心意，心意的意思是從他的視角來看，他認為自己遵守了承諾，如果你要他證明，他會說此心可證，我的心意就是證明。

什麼叫做你的以為，以為的意思是從你的視角看來，你認為他已深深傷害了你，就算他說他沒這意思，可是你受傷的感覺是真實的。

信任的真相很可怕對吧？不論你多麼相信一個人，他給你的許諾多麼真摯，他仍然會讓你傷心，立場互換狀況也是一樣的，哪怕你對自己的許諾多有信心，你也達成不了。

那面對此情此景，我們該怎麼辦呢？其實你要的解答，早已藏在曖昧期。

允許自己不理解對方

當你身處曖昧，你會發現自己對「信任破碎」的耐受力大幅增加了，即使對方表現出的行為，和你所相信的大相逕庭，你也不會感覺天崩地裂。

因為你知道你們本就是陌生人，雖然因緣際會下偶遇，可是你們雙方有太多的未知未解，是需要花時間去相處、交流，再透過良善的溝通才能理解的。

換句話說，曖昧期的你，允許自己可以「不完全理解對方」，當你允許這件事發生，那你就不會用「我相信」來苛求自己。

本來你相信的事情沒有發生，比如他沒有捎來關心的訊息，他下班沒有主動私訊你，他沒有先把假日時間留給你，這些事情都會讓你難過。

可是現在你知道，你之所以會難過，關鍵不在於他做了什麼，而在於你錯誤理解了對方，因此真正讓你難過的是，錯誤理解對方的自己。

而一旦你允許了自己不需要「完全理解對方」，緊接著你也會允許對方「不需要完全理解你」，他確實不像你的死黨，知道你生悶氣時消失不是你不願溝通，是因為你想一個人靜一靜，他也不像你的家人，知道你不善表達，你問起行蹤不是為了查勤，只是想釋放關心。

所以曖昧期的你之所以可以抵抗背叛，真正的原因不是因為你鐵石心腸、冷血無情，是你的認知中，存在這兩種「健康的允許」，這讓你能用更寬廣的視野，看待那逐漸萌芽的戀情。

若這點你能了解，你也不會再聽信，保持神祕感才有吸引力這種鬼話了，曖昧期之所以讓人感到怦然，其實就只是因為，你會在極短的時間內，不斷經歷「被理解的感動」和「不被理解的落寞」這兩種情緒。

被理解的瞬間你很欣喜，覺得自己幸運極了，竟然能碰到一個這麼懂你的人，不被理解的瞬間你很憂鬱，孤獨感上湧，你感到彼此的距離是如此遙遠。

而怦然所代表的，僅僅只是這兩種情緒的「落差」，所以當你刻意製造神祕感，你會感覺對方對你更積極了，可是這並不是吸引，這只是你激起了他的落寞和孤獨，因此他必須透過靠近你、理解你，來消化這種複雜的情緒。

那你捨得讓你愛的人，陷入苦樂混雜的怦然之中嗎？或者你希望你愛的人，他如此對待你嗎？如果兩種狀況下你都不願意，那製造神祕感能不能帶來吸引，我想答案你已了然於心了。

雙方都願意，才能實現雙向互信

關於對信任的誤解，以及伴侶因此產生的嫌隙，實在還有太多迷思須要釐清了。【在 Part 7《什麼是信任？如何達到無條件的信任》，我會把信任的要點，以及如何建立無條件的信任，都一一為你說分明。】

我希望透過建立對信任的正知正見，讓你可以明白什麼是「普通的信任」，什麼又才是我倡導的「雙信互信」。

普通的信任就如以上所說，每個人都口口聲聲的說著我相信，可是他們的相信，只是他們腦海裡毫無根據的幻想，當你被這樣的人給寄予信任，你會感到非常痛苦，因為你被賦予了超出自身認知的期待。

同樣的，如果你把自己的我相信寄予在伴侶身上，卻絲毫沒考慮到伴侶的感受，對他來說也很不公平，所以我才說信任的最終型態，是你們達到「雙向互信」。

你願意相信他，是基於你對他的理解，而不是空想、猜測，還有無明的期待；他因為想實現「你對他的信任」，所以他願意敞開心房，讓你探究他的內心世界，毫無保留的展露最真實的自己。

當你願意，他也願意，理解程度也足夠深入，那你們就可以實現「深度的雙向互信」。

這時候你們在談的，才不會是一段是虛無飄渺，我盲信你，你誤信我的低維情感，而是腳踏實地，你懂我，我懂你的高維感情。

何謂真正的信任

- ☑ 你們的信任是雙向的，沒有誰比較信任誰，誰的信任又多於誰。
- ☑ 你們都允許自己能「不完全理解對方」。
- ☑ 你們都願意實現敞開心房，並幫助對方理解自己。

關係三本柱

本章的最後，讓我帶你重溫，關係中最重要的三本柱吧。

第一柱是主動創造，你知道關係要改善，不論是破冰、復合、昇華，在你沒有主動的前提下，你只能交給運氣，並等待生活中的隨機事件恰好發生你要的結局。

但這樣的等待，九成九都會是失敗的，因為人生的變數很多，你永遠無法預測，明天和災難誰會先到，所以最好的因應方式，就是讓自己保持主動。

也因此在本書的每一章節，我所告訴你的每一個策略和方法，都需要你抱有主動心態，檢視自己，釐清關係，你要的結果才會如期發生。

第二柱是角色堆疊，角色堆疊不是必須的，你和同事可以只是同事，不必非得當朋友，你和朋友可以只是朋友，不必非得是知己，角色堆疊是一種選擇。

然而如果你有能力，你會希望你的另一半，他僅僅是你的情人，你們只有原始情愫的吸引，但沒有互相欣賞，不能互訴心事，也無法成為人生的夥伴嗎？

如果你告訴我，這些都非你所願，你真正嚮往的，是一段相知相惜、互敬互愛、情感濃厚，如同「靈魂伴侶」一般的關係。

那角色堆疊，就是你必須讓其實現的最佳選擇。

第三柱是雙向互信，信任的建立不是靠諾言，不是靠確認關係，也不是靠毫無根據的「我相信」，這些都是對信任的誤解。

真正的信任是基於理解，你每多理解對方一分，你對他的信任就多一分，他每讓你理解一分，他就是在幫助自己被你所相信。

而當你有強烈理解他的意願，他也具備相等的意願時，若再佐以順暢無礙的溝通，那雙向互信就會發生，在互信的基礎上，角色堆疊的現象會自然顯現。

以上每一柱的存在，都會加成另一柱的力量，形成 1+1>2 的良善循環，若你能同時鑄造三柱，讓其和諧的並存，那1+1+1甚至可以≧∞，而屬於你的幸福，也會在最好的時刻降臨。

我曾親身體會過其美好，現在的我，也因為它們的存在，人生正朝向至高的幸福前進著，接下來我會透過自己的親身經歷，並以學員朋友們的故事為例，助你能掌握這三柱，創造你要的幸福關係。

關係三本柱	
主動創造	為想實現的關係負責，永遠讓自己保持主動。
角色堆疊	以靈魂伴侶為目標，建構一段相知相惜、互敬互愛、情感濃厚的關係。
雙向互信	你們的互信不是基於空想，而是基於深度理解，彼此也願意幫對方理解自己。

PART 2

你應該找一個愛你比較多的人嗎？

「你會受傷，是因為你付出太多了。」

「想讓自己快樂一點，你得找一個愛你比較多的人。」

在感情中受過傷的人，應該都聽過一種說法是，你會傷得那麼重，是因為愛得太深，愛得太深是因為付出太多。所以若你想讓自己不再受傷，那你應該設法找到一個愛你比較多的人，當你可以時刻感受到對方滿滿的愛，不論那是疼愛還是寵愛都行，只要你是被愛著的，就不會再受傷，儘管那可能有些自私，但那就是一段關係最好的模樣。

你認為這些觀點合理嗎？

難道在愛情中，你對伴侶的愛，還有伴侶對你的愛，最終非得分個高下，判定出優勝的一方，你才算贏得了「愛情擂台冠軍」嗎？

回報比付出多，就是幸福？

每個談過感情的人，幾乎都曾思考過，我是被愛比較多，還是愛對方比較多的那個人，而為了釐清想法，接下來你一定會開始衡量「自己付出的多寡」。

沒有意外的話，你的腦袋八成會推導出以下公式：

若我的付出是X，他的付出是Y，X減去Y為正值，代表我比較愛他，X減去Y是負值，代表他比較愛我。

這條公式很簡潔，卻十分有道理，能精準的反應你倆關係的現狀對吧？

自認對另一半非常好的人，在算過這筆帳之後，往往會沾沾自喜的想「看，我是多好的伴侶，我對他的愛，始終多過他愛我」。

享受被愛的人也不遑多讓，當他發現自己付出明明較少，伴侶卻仍然用愛灌溉他，他就更感到自己滿溢的自我價值，他會想「一定是我很棒，所以才值得被愛」。

再說得白話一點，這世界上有兩類人，第一類人從付出中感受到愛，第二類人從被付出感受到愛，他們就像是陰與陽，光與影。

他們也許無法和同類相處，可是當他們碰到另一類人，那就是天作之合，一個願打一個願挨，是最適合彼此的伴侶。

如果你開始覺得以上推論很有道理，我必須在此點醒你，以上這兩類人，他們都生活在幻覺中，這根本不是在談感情，而是在自我欺騙，就讓我來你說個分明吧。

付出可以和愛劃上等號嗎

要搞清楚什麼是愛，什麼是付出，我們得先問自己「對一個人付出很多，這就算是愛嗎」？

學員江江因為困擾於「付出太多，覺得自己很委屈」，希望我可以幫他檢視看看，他和另一半的感情哪裡出了問題。

江江說：「我不是不願意付出的人，也不會去計算對方回報了多少，但最近這幾個月，我發現自己都是在單方面付出，這讓我覺得很心寒，這段感情，是不是只有我在努力？」

我問江江說：「你說只有你在努力，是因為他沒有努力，只享受著你的付出，是這樣嗎？」

江江說：「我不確定他是不是完全沒做，但我的感受就是幾乎沒有。」

我問：「那你有沒有想過一種可能是，你們的感情不是誰比較努力，誰比較不努力，而是進入了『雙向單戀期』」？

由於江江是第一次聽到此詞彙，我便花了一點時間向他解釋，何謂「單戀」，何謂「雙向」。

單戀者的付出，不是真正的付出

有單戀過的人，應該都體會過單戀的苦，你總無時無刻想著對方，夜深人靜閉上眼，腦袋也全是對方的身影。於是你的付出就從這一刻開始了，你付出你的「思念」，你付出你的「情感」，也付出看他與異性說笑的「黯然神傷」。

你的情意是如此濃厚，讓你感到筋疲力盡，有段歌詞就很傳神的形容了這種感受——為你付出那種傷心你永遠不了解，我又何苦勉強自己愛上你的一切。

而除了這些情意上的付出外，你可能也同時付出了體力、勞動、物質，比如你親手製作了生日卡片，精心烘焙了情人節巧克力，或在他工作疲憊時，給他遞上茶水和點心。

你的付出是如此龐大，甚至連你自己都被感動，你自認若要用付出來衡量「愛有多深」，那你的付出堪稱是真愛的典範了。

很多單戀的人到最後會無法自拔，或在決定放棄這段關係時，感到撕心裂肺的痛苦，原因也就出在這裡，他付出太多了，多到他無法承受自己的付出，得不到相應回報的現實。

但這也就是我想和你說明的重點，為什麼我認為，單戀的付出，它不算是一種付出。

想像有天你正在上班，忽然有人送你一大盒巧克力，你覺得很意外，經同事告知後，才知道是隔壁部門愛慕你的同事送的。你覺得自己該收下這份禮物嗎？

若你覺得該，那代表你默許了，你們的關係可以用「他送禮，你收禮」的方式進發展，你知道這份禮物不是平白無故的，未來若他藉故親近你，找你攀談，或約吃午餐你都得答應了。

若你覺得不該，代表你對這段陌生的關係，還沒做好任何心理準備，你們都沒說過話，沒聊過天，況且你也沒幫他任何忙，收下這份禮物，那實在是太唐突了。

那再請你想像一下，如果最後你選擇了不收禮，可是對方仍堅持繼續送，甚至放話你不收也沒關係，他會把禮物堆在你的座位旁，直到你被他感動，願意收下為止。

你實在拗不過他，只好由得他這麼做了，反正他愛怎樣是他家的事，你打算相應不理，過好自己的生活就行。

可是數週過後，有天他氣沖沖的來找你，並嚴詞指責「你是不是在利用我，我為你付出那麼多，你卻一點回報都沒有」，那你的感受又會是什麼？

你八成會覺得，自己是遇到神經病了吧？憑什麼你說你付出，那就是付出，我可從來沒有接受，那只是你的一廂情願。

單向付出，只是一種自我感動

我繼續和江江說：「以上單戀的例子你能聽懂，那你就能明白，什麼叫做付出了。」

付出是值得被讚賞的，不論你付出的情意或是物質，那都是你心意的展現，但你也得知道，不是你付出，對方就一定要接受的。

付出就好比是送禮，有想送禮的人，自然也需要願意收禮的人，那送與收的關係才會成立。

然而單戀的人往往不明白此道理，他們的付出毫不考慮對方收的意願，他們自以為是的認為，只要我想送，那你就得收，你不收，那就是不給我面子，看不起我。

但這並不是事情的真相，不收平白無故之禮，本來就是人之常情，更何況，如果你強硬的要我吞下你的付出，那付出的人應該是我才對吧？

因為本來我是不接受你付出的，可是看到你那麼為難，那麼自責，那麼傷心，為了讓你不尷尬，也照顧到你的感受，所以我勉強自己收下你的付出。

當以上這些現象一發生，那付出就開始變質了，所謂的付出，其實你給予的對象根本不是對方，而是自己，你以為付出感動了對方，到頭來，你感動的是自己，你的付出，最終都流回了自己。

這，就是單戀的真相了。

最扭曲的關係：雙向單戀

江江聽完我的分析後有點自責的說：「單戀的意思我知道了，P大你的意思是，如果我自認珍貴的付出，對方沒有意願接收，那就只是我單方面的付出，等同像是單戀，對吧？」

「沒錯，所以我才說，你和伴侶的關係，很可能進入了雙向單向單戀狀態。」良好的感情狀態是這樣的，我們互相知悉彼此的需要，我提供你需要的價值，你提供我需要的價值。

我們都感知到對方的細心觀察，知道彼此對方著想，因此欣然收下這份價值。如此一來，送禮的人就不是為送而送，也不是為自己而送，他是真的在乎這段關係，所以自願成為主動供給價值的人。

可是單戀者的付出是不同的，別人的喜好、觀感、需求，不在他的考量之內，他秉持的核心精神是「因為這是我想給你的（價值），所以它一定好，它一定適合你」。

如果這類型的人你遇得多了，你也會發現，他們同時也堅信「我就是這樣對自己啊，我用對待自己的方式對你，這可是最高級的禮遇了，我待你如待己，這樣對你夠好了吧」。

我在前文提到的「雙向單戀」，就是由兩個單戀者一起組成的特殊關係。

雙方都自認很愛對方，因為很愛，所以給予自認最好的，但在給予的同時，只站在自己的立場思考，從不考慮對方的需要，最終形成了一段看似都很努力，看似有在付出，但實則非常扭曲的關係。

那你說，這樣的倆人，他們就算有男女朋友之名，有夫妻之實，甚至還訂下了山盟海誓的約定，可是他們談的是「真正的愛情」嗎？

我認為不是的，這只是一段雙向單戀，兩個人真正愛的人都是自己，他們分別都被自己的付出給感動，陶醉於自己的付出中。

意願是開始，理解是結果

我給江江點破，他可能處於雙向單戀的狀態後，他問我：「那我該怎麼辦？是給對方他需要的東西嗎？這樣就不算是單戀了對吧？」

我說：「那是後話了，如果你早知道，那你早就給了，不會拖到現在我提醒你，你才忽然意識過來。」

江江不解：「P大你的意思是，其實我並不是真的想知道，我的伴侶需要什麼？」

我回應：「精確來說，你不是沒有意願知道，而是即使你有意願，你也無法立刻就知道，因為長期以來，你的自我感動太深，你必須得先放下那份執著的情感，你的眼睛才會打開，有更多可能性，去看到對方的需求。」

我見江江仍似懂非懂，便向他說明，理解一個人是這樣的，你有理解他的意願，和你真的能理解他是兩回事，意願只是初始動力，不代表理解的結果。

就好比你有意願成為醫生，那你就理解成為醫生需要的一切知識了嗎？不，你只是有意願，但理解尚未發生。

再說一個更真實的例子，很多父母親喜歡把「我是為你好」掛在嘴邊，一廂情願的為孩子付出，那你說，這些父母是不是也很像在「單戀」？

如果有一天，這些父母忽然醒覺，他們給孩子的好，只是自我感動，不是孩子真正要的，那他們能瞬間就大澈大悟，隔天就立刻知道孩子要什麼了嗎？

恐怕也是不行的，對吧？

代溝之所以是代溝，是因為彼此對付出的理解分歧過大，刻成了一條深深的鴻溝，要把溝渠填滿，走進對方內心，還需要更多的相處，時間的積累，以及坦誠的互表感受。

看似交往，其實是單戀的關係

- ☑ 你付出很多，但對方毫無所覺，毫不感動。
- ☑ 他不樂意接受，你的付出只是一廂情願。
- ☑ 你想用付出感動對方，最後卻僅感動了自己。

處理付出代溝的三大忌諱

我猜有些朋友看到上一篇文章說到「坦誠」，會感覺如獲至寶，迫不急待的就要跑回家，和伴侶來一場「真心話馬拉松」，把這些年來的代溝一次填滿。

如果你也這麼想，甚至內心有這種衝動，我得請你稍安勿躁先別這麼做，因為在那之前，還有幾個誤區，是我認為你會特別容易踩的。

1. 犧牲自我，成全對方

你在關係中想付出，是因為你在乎對方的感受，你理解他的需求，所以你的付出，不論是物質，或是精神上的，你都樂此不疲。但有一種付出，對關係是有腐蝕性的，就是你企圖透過「犧牲自我」來成全對方。

犧牲自我的意思是，你沒有把自己照顧好，你的身心狀況因為付出受到了影響，比如說熬夜加班、不眠不休、勞碌奔波等等。有些人可能以為，這樣的行為豈不是很偉大？愛一個人就是要犧牲自己，把自己奉獻給對方啊？

我說，這是錯解愛的人，才會產生的「病態想法」。

試想看看，你若真的愛一個人，你是希望他快樂一陣子，還是快樂一輩子？沒意外應該是後者對吧？那既然你希望他的快樂能長久，那你燃燒自身生命的作法，能夠支撐這份快樂多久呢？

因此你若真的想用付出來表達愛，那你更應該保持健康、積極、正向，你自己的狀態越好，付出的品質才會越好。

再者，愛應該是平等的，任何時候，你都不應該在一段關係中感到「自己很偉大」，那是傲慢的起點，只會讓你逐漸偏離為對方著想的本心。

【關於偉大感會產生的影響，詳見 Part 6 長期關係的大地雷】

2. 假性尊重，實則執著

由於江江對伴侶的理解有限，我請他按照教學一步步加深理解對方，而為了確認江江真的明白，我也出了模擬情境讓他試試。

我當時給的情境是，如果伴侶提出了不合理的要求，他會怎麼應對。

江江說：「我會尊重他的想法。」

我說：「所以你打算說，你會尊重他，你的意思是這樣嗎？」

江江說：「是，因為我愛他，所以我尊重他。」

我接著問：「那你的尊重是口頭說說，還是會有實際行動？」

江江說：「我會有實際行動，我還是會去付出，因為我已經決定要改善我們的關係。」

我笑回：「那你的付出就不是心甘情願，你不就又回到「犧牲自我」的舊路上了嗎？」

我從事教練工作這麼多年，協助過很多情侶處理感情，其中我最常聽到的一句話，就是他們和彼此說「我尊重你的想法」，每次這句話一出來，我就知道案情並不單純，看似平和的感情下，一定是暗潮洶湧。

常人都以為尊重是美德，所以說出這句話的同時，內心對自己都是讚賞的，你會先肯定自己是一個有度量、大器的人，因此你能做到尊重對方。

可是問題來了，你口中的尊重，真的是尊重嗎？

還是你的尊重翻成白話其實是，我完全不認同你的想法，但身為你的伴侶，我拿你沒轍，只能無可奈何的接受。

那這麼一份充滿著無奈、被迫、無能為力的情感，這和尊重的原意是一樣的嗎？

再進一步思考，如果一個人談感情的動力，夾雜著「沉重的無奈」，那他的動力是會日益漸增，還是日漸消沉呢？

以上的尊重，我不認為是真正的尊重，它充其量只是假性尊重。真正的尊重，沒有蘊含一點無奈，也許那和支持不一樣，但你是完全可以接受對方想法的。

江江問：「那面對不合理的要求，我該怎麼辦呢？」

我說：「你應該去理解他的想法，釋放你理解的意願，讓對方有表達的空間，那你的內心自然會萌發尊重。」

尊重不是一句口號，也不是一個行為，它是你理解了對方所思，同理對方所想，兩者並行到一定深度後，自你內在升起的一種現象。

3. 不敲心門，直接破門

江江問我：「兩個人長年都有代溝，是不是因為欠缺溝通的意願，只要有意願，就可以排除萬難？」

我回覆：「如果你說的意願是『精誠所至，金石為開』那確實可以排除萬難，但你覺得世上有這份意願的人多嗎？」

意願很重要，它是感情的續命丹，也是讓關係合好如初的原動力，可是你也得知道，意願是會被消磨的。

第一次溝通無果，你會跟自己說，這只是開始，再接再厲，事情一定會有轉機；

第二次溝通無果，你會安慰自己，溝通哪有一次就成功，感情本來就需要磨合；

第三次溝通無果，你有點累了，但你仍會勉強自己，堅持就會看到希望；

那同樣的事情，當你溝通到第四次、五次、六次，你的感覺是什麼呢？是不是感到被無力感層層壟罩，絕望的氣息逐漸包圍了你？如果你曾有這種感受，或你此刻正在經歷，那這就是我的意思了。

你有意願固然很好，但我要請你別倚仗著它，就隨意的消耗它，你應該把意願視為最珍貴的朋友，善待它，照顧它，呵護它。那具體來說，你應該怎麼做？

我想給你的建議是——輕敲對方的心門，不要強硬的破門。

人性是這樣的，想想看你是江江，當你意識到自己長年以來，都在做一廂情願式的付出，你的伴侶也是，你們的感情狀態是「雙向單戀」，那在經過深刻的反省後，第一時間你會想做什麼？

是的，你猜得沒錯，你八成會急著回家，找伴侶陪你跑一場「真心話馬拉松」。馬拉松通常是這樣開始的，一方會興高采烈，一方會冷淡如冰。

你：「欸，我跟你說，我終於知道我們的問題了，現在我們要坦誠說出感受，這樣問題才會解決！」

伴侶：「什麼意思？你想幹嘛？」

你：「就是我們要好好說話，說出自己內心真正的想法，感情才會越來越好啊！」

伴侶：「呃……我不太明白你意思，所以你想要我跟你說什麼？」

當對話進行到此，事情就進入失控階段了，我也見過很多人最後變得氣急敗壞，大聲嚷嚷：「你看，就是因為你都不跟我說感受，我們感情才會變糟，你到底想要什麼嘛？為什麼就不能直說？」

而只要上面這句話一出來，你們的對話就結束了，也許你沒有批判的意思，但你的字字句句都在告訴他，你們的感情會走到今天，都是他的錯，那你覺得他會怎麼想呢？

為了避免以上的憾事發生，所以我得請你把真心話馬拉松的想法扔了，也不要想著，今天一回家就要來徹夜深聊，好好溝通一番。

這些方法都太急於求成了，只會顯得你很強硬，你得給對方尊重，讓他自己敞開心門，而不是你直接破門，破門，只會讓本就飄搖的感情雪上加霜，切勿不可這麼做。

你要做的是，把步調放慢，把握每一個可以對話的時機，用敲敲門的方式告訴對方「嘿，我聽到你的心聲，我發現你的感受了，你願意讓我接住你的情緒嗎」，從這樣微小的地方開始著手，感情才有改善的轉機。

【關於如何做到好的溝通，詳見 Part 3 為什麼剛在一起總無話不談，交往久了卻無話可說】

付出會產生代溝的原因

☑ 你的付出中總伴隨自我犧牲，希望用犧牲來成全對方。

☑ 你總是把尊重對方掛在嘴邊，但內心其實滿是無奈。

☑ 碰到溝通問題就想破開心門，或是要對方陪你跑真心話馬拉松。

不願付出，是因為感受不到付出的快樂

回到本章的正題，我們到底該不該找一個愛自己比較多的人？我認為問題不是簡單的「該或不該」，真正的問題應該是，為什麼你想這麼做？為什麼你會萌生這樣的想法？

更直接的說，付出可以是快樂的，為什麼你感受不到付出的快樂呢？

和發現自己單方面付出的江江相反，我的另一位學員阿希，是不願付出、對付出感到排斥的人，他和我說：「我知道自己不能只享受對方的好，卻什麼都不做，可是每次當我想要做些什麼，內心總有一股抗拒感。」

由於阿希比較鈍感，他無法立刻覺察到自己的抗拒是怎麼來的，於是我再問他：「你是只對你伴侶的付出有抗拒，還是對你身邊的人都有？」

阿希想了想後說：「好像對他特別抗拒，但對其他人還好。」

我聽他這麼說，心裡有了底，接續再問：「那你是交往之前就有抗拒感了，還是曖昧時沒有，剛在一起也沒有，現在才有這種感覺呢？」

阿希從沒被如此問過，頓時陷入沉思，開始回憶起約十年前，他剛和伴侶交往的狀況，我再和他聊了一會兒後，慢慢從蛛絲馬跡中推知了真實狀況——阿希不是不願付出，而是他認為自己不夠格付出。

阻礙付出的元凶：不夠格

我知道許多人在聽到不夠格這三個字時，內心一定會有股憤怒，憑什麼我不夠格？請你先稍作冷靜，我在此敘述的不夠格，並不是由別人來對你說，而是你對自我的評價。從阿希的視角來看，他正是認為自己不夠格，所以才限制了他對另一半的付出。我猜有人會納悶這邏輯似乎說不通，一個人在關係中若想付出，那就認真去付出啊？付出只有想和不想，能與不能，哪有什麼夠格與不夠格呢？以下讓我舉幾個例子為你說明。

很多孩子都會吵著和爸媽說想要養寵物，理性的爸媽會和孩子說，我們家不是不能養寵物，但你得確定你能夠照顧好牠，你才具備養牠的「資格」。

資格是一種我們對自身價值的評估，想面試的人會想「我有把握拿到這工作嗎」，想談感情的人會自問「我是否配得上對方」，想結婚的人也常會自評「我準備好了嗎」。

評估夠格，人就會勇往直前，思考模式切換成「我該怎麼做」，評估不夠格，則會心生退卻，思考模式變為「我再想想吧」。

聰明的人看到這，應該已經猜到阿希的問題是「他覺得自己配不上另一半」，可是這麼想似乎也說不通，如果他都覺得配不上，那當初幹嘛選擇交往呢？

以下就讓我為你揭示真相吧。

角色轉換造成的不夠格

阿希不是從交往之初，就從來沒付出過的，他自述，他和伴侶從學生時期就認識，交往至今也十年了，前幾年他們確實度過了一段快樂的時光。

但到了第四年，他們的人生開始出現了不同步，伴侶因為工作表現優異，多次獲得升遷機會，加上產業前景大好薪水跟著上漲，阿希自認努力，但礙於所學專業較平常，收入只是微幅增加。

薪水方面是如此，但如果只是薪水的差距就好了，薪水差帶來的是，兩人在做決策時，他們的想法不一樣了。比如難得出遊，阿希覺得住宿乾淨整齊就好，伴侶卻想住面海的海景房，平常吃飯也是，阿希想簡單吃個便當，伴侶覺得健康重要，堅持要吃健康餐。

阿希感嘆道：「說真的，他對我很好，不是只自顧自做決定，他很常主動幫我付錢，甚至很多花費他都幫我買單，眼睛都不眨一下的，但漸漸地我覺得自己跟不上他了。」

阿希回憶從前，曾經他是不吝付出的人，他盡自己所能，把最好的都給了另一半，可是近幾年他和伴侶的落差，在他心裡種下了「不夠格」的種子。而這顆種子，在他們討論到結婚話題時，更是在他的匱乏裡紮根，飛速的成長茁壯。他常會問自己，如果我們是情人，只是談談戀愛交往倒還可以，但如果是要結婚，作為一起攜手度過下半輩子的人，我夠格嗎？

至此，讓阿希抗拒付出的真相，終於完全浮出水面了。他的付出抗拒，是角色轉換造成的，本來他以情人自居時，內在是平和而穩定的，但現在他用「準婚者」的視角看待自己，所以感到自己配不上對方了。

阿希當時是這樣和我說的，他說：「我感覺就算沒有我，他一個人也可以很好，或是找到比我更好的伴侶吧。」

一個人很好，不代表人就注定要獨活

你覺得阿希的感覺是真的嗎？他感覺伴侶可以自娛自樂，生活上的需求也能自給自足，所以不再需要他了，這是感情的真相嗎？

如果這是真的，那照理說，社會上每個人只要心理健康，工作能力尚可，能滿足自己的物質所需，比起找個伴侶，人更會傾向選擇獨活，但這是你看到的常態嗎？稍微想想，你就會知道這樣的思考是有漏洞的。

沒錯，我們的快樂，確實可以靠追劇填補，靠手遊給予，靠獨旅充電，但有多少次你也曾希望，要是這份快樂有人能共享就好了，有個人陪你一起體驗生活的種種，你的快樂將會更加昇華，所以你才需要伴侶、家人和朋友。

我和阿希說：「也許你的另一半，他一個人真的可以很好，但那並不代表他不需要你，他對你的需要，可能比你想像得還要多。」

我也鼓勵阿希，若他心中還有疑惑，那就實際去行動看看，調整自己的付出，也觀察伴侶的回饋與感受，他就會得到自己想要的答案了。

半年後，我再收到阿希的消息時，他說：「那次和P大聊完以後，雖然我還是對自己有懷疑，但心裡想，反正就試試看，試了就知道了。結果自我開始調整付出後，他立刻就察覺到我的改變了。說來好笑，他本以為，我是不是因為出軌，所以愧疚地想彌補他，我說我本來就想做，只是過去總覺得自己不夠格，那次我們也順勢把話說開了，我也終於明白，原來他始終都是需要我的。」

為什麼人會不願付出

☑ 覺得自己配不上伴侶，感受不到付出的意義。

☑ 認為對方不需要自己了，自己跟不上對方了。

你不可能找到一個愛你比較多的人

本章的最後，我想為你揭示一個「直覺上不合理，其實無比真實」的現象——你不可能找到一個人愛你比較多的人。

我知道這看起來很矛盾，你也一定可以輕易找找到反例告訴我，你身邊的誰誰誰，他就真的找到了，他愛伴侶三分，伴侶卻愛他七分，這樣還不算數嗎？

以下讓我為你稍作拆解，你就會立刻明白我的意思了。

假設命題是這樣的：

・命題1：某人愛你比較多，但他的付出是「自以為是，非你所需」

・命題2：某人愛你比較多，他的付出真的是「高度同理，合你所需」

在命題1裡，他的付出毫無意義，就算他付出的量是你的十倍百倍，只要不是你需要的，那也是竹籃打水一場空。

在命題2裡，他的付出堪稱完美，細心的照顧你每一個細微的需求，我想這就是你所期望的，找一個人愛你比較多的人吧？

那這麼一來，找一個愛我們比較多的人，不就實現了嗎？

我說，一點也不，在命題2中，你漏算也低估了自己在收到付出時，你會有的情感變化，和相應會產生的行動。

想像你和他認識的第一天，他察覺到你的需求，對此展現高度同理，付出了讓你快樂、感動、歡欣的價值。

請問這是你生活中的常態，這類人滿街都是，還是說你會覺得自己中樂透了，此人在你眼中是稀世珍寶？

沒意外的話應該是後者對吧？若情況如此，你在情感上，自然也會想回報相等，甚至更多的價值予他。這份情感是如此自然，甚至你都不需要去提醒自己「我要回報他」，而是你本能的就會想那麼做了。

那麼當你開始付出予他，你們之間是否還存在「他愛你比較多」呢？也許從物質上來看，你們的確還是可以用「付出金錢的多寡」來分個高下，可是你心裡完全明白，你們對彼此的付出是水乳交融，不分你我的。

他付出的所有會轉化成你內在的暖流，這份能量生生流轉，又再化為你的付出回流到他的身上，你們之間的界線慢慢消融，從你和我，變成我們，那付出就不需要再區分多寡。

這也就是一份真摯的愛，最終會呈現的樣貌了。

與其苦尋一個愛你比較多，但無法存在，也沒必要存在的人，不如掌握創造愛的能力。真正的愛，是付出和被付出並行，你埋下愛的種子，愛結出豐碩的果實予你，你愛人的同時，也正被深愛著。

美善的付出循環

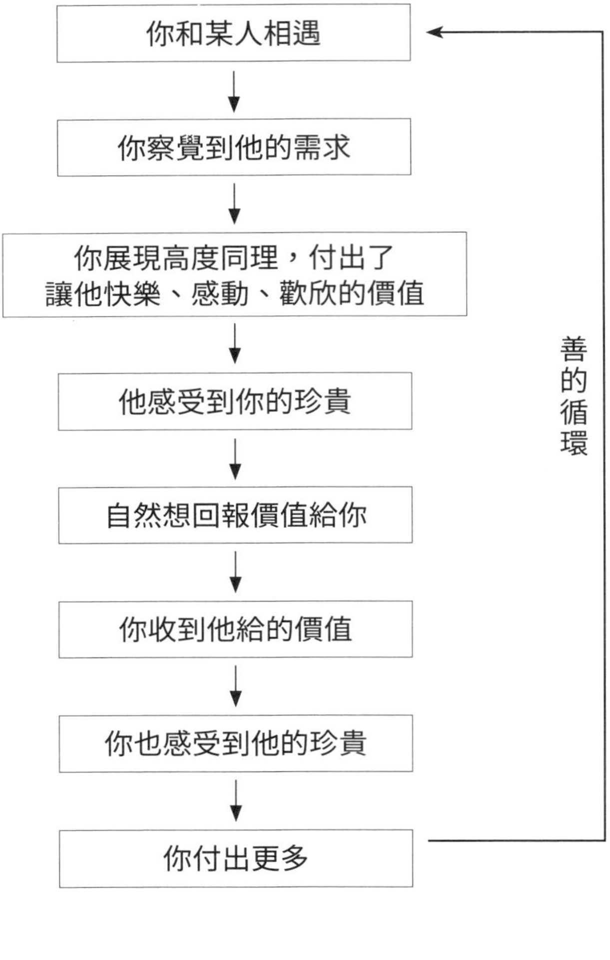
你和某人相遇
你察覺到他的需求
你展現高度同理，付出了
讓他快樂、感動、歡欣的價值
他感受到你的珍貴
自然想回報價值給你
你收到他給的價值
你也感受到他的珍貴
你付出更多
善的循環

PART 3

為什麼剛在一起總無話不談，交往久了卻無話可說？

不論你是談過幾段感情，或是正處於曖昧中的人，你應該會發現，情侶之間相處到最後，似乎總要面對一個終極問題——彼此會從無話不聊，變成無話可說。

也因此有人就推斷，要看一對情侶是不是在熱戀，看他們常不常聊天就知道了，時刻想到彼此，有新鮮事第一時間想分享的情侶，交往時間肯定不長，所以還處於熱戀的美好氛圍。

但那些無話可說，即使在精心安排的約會中，仍各自滑手機的人，要嘛就是愛情長跑多年，要嘛就是老夫老妻。

我曾問過這些人，為什麼你們這麼相信，交往越久，聊天會越少？多數人都回答我，因為話題本來就會越聊越少，人的一天也就二十四小時，哪有那麼多新鮮事能聊，再多的話也有說完的一天。他們的答覆三分肯定，但也帶著七分無奈，彷彿他們已經認清，這就是感情發展的必然。

你也相信，人與人之間熱戀期是影響「能不能有話聊」的關鍵嗎？當你已經預見，情侶和夫妻的盡頭就是無話可說，你能欣然接受這樣的關係嗎？那當你們的關係陷入「無聲」，碰上問題你們還能夠好好溝通嗎？

本章我會為你說明，為何我認為，伴侶間的話題，永遠不會說盡，以及當你碰上了沒話聊，或因沒話聊產生的代溝，你能怎麼做。

不能分開，但又每況愈下的感情

很多人到了一定的歲數，都會有種感觸，原本學生時代無話不聊的好朋友，在出了社會以後，友情就漸漸疏遠了。

曾經你們可以廝混一整天，就算不特別做什麼，彼此間也不感覺無聊，可是到了某個瞬間，陌生感開始大於熟悉感，你越來越不懂他，他也越來越少約你。

久而久之，你們成了喜宴上會見到面，或是對方結婚才會出席的普通朋友。

有些人也許會懷念從前打打鬧鬧的日子，但也只是懷念而已，會去修補的人寥寥可數，多數人會安慰自己，筵席本就會散去，朋友再交就好了，然後告訴自己要看開一點。

可是這種看似豁達的心態，在談到感情的時候就不合用了，大部分人都能接受友情會淡去，並將其視為人生中的一道風景，可是幾乎沒有人能接受愛情也會淡去，又或者說，他們接受愛情會淡去，可是穩定的愛情不像友情，說放手就能放手，交一個新朋友很容易，但換一個伴侶難多了。

有次我和學員雨文聊天，他就如以上描述的，和我分享了他認為「友情會淡去，愛情也會」的論點，而因為他深深相信這是真的，所以被困在兩難的矛盾中。

雨文和我說：「我和他結婚剛滿三年，最近我覺得我們的關係越來越乏味，交流頻率越來越低，我好幾次都想做點什麼，但仔細想想，人與人的關係，本來就會由濃轉淡，我怎麼做也都是徒勞的，每天回家都感覺要被無力感壓垮了。」

我說：「可以說說你們之間發生了什麼，你的無力感是怎麼來的嗎？」

雨文說：「我的無力感，是來自於關係慢慢疏離，可是我卻沒有方法可以挽救。」

我說：「這樣的狀況持續了多久，從什麼時候開始的呢？」

雨文說：「大概是這一年吧，其實我們剛在一起的時候感情還不錯，那時候做什麼都會一起，每天也都會聊日常，或分享一下彼此的工作，但現在我們的感情，只比普通朋友稍微熟悉一點，除了問候對方早晚安、吃什麼、幾點下班，好像已經無話可說了。」

我說：「那為什麼你會認為無可挽救了呢？你有嘗試過什麼方法了嗎？」

雨文說：「我本來認為關係有救，所以這一年來，我有試過自己多開話題，分享我的感受，看到什麼好吃好玩有趣的，也會丟訊息給他，但狀況基本上沒什麼改善，有天我在翻中學的畢冊，發現自己和以前的死黨也快十年沒聯絡了，那一刻我忽然想通，如果那麼好的死黨都會失聯，那我們的感情會失溫，其實也是正常的。」

我問：「因為這是正常的，而且是一個不可改變的事實，所以你強迫自己接受？」

雨文答：「可以這樣說吧，說真的，我和自己僵持了很久，還是吞不下這口氣，因為一來我不可能離婚，二來我又什麼都做不了，所以想請教你，看看有什麼方法，在不離婚的前提下，能解決這種無奈、又很煩心的感受。」

你覺得自己的感情像雨文一樣嗎？能試的都試了，該做的都做了，但基於個人的道德理由，你不想選擇分手和離婚，於是只能被迫接受相敬如冰的情感。

如果你也是如此思考的朋友，那接下來，我會告訴你，你可以怎麼做，扭轉這看似不可逆轉的頹勢。

沒有情感交流的聊天，就是各說各話

為了幫雨文解難，我請他把從交往到現在所有的相處狀況，包含聊天紀錄，盡可能鉅細靡遺的整理給我，我來幫他檢視，看看能否從中找到撬動關係的槓桿。

在看了幾頁的聊天紀錄，還有根據雨文提供的資訊後，我發現了某種奇怪的現象，雨文定義的無話不聊，和我認定的無話不聊，並不是一回事。

比如其中一段，雨文自認「感情不錯」的對話是這樣的：

雨文：「今天累翻，被客戶追著跑了一天。」

伴侶：「我也是！一早就被會計追殺。」

雨文：「真的超想翻桌的。」

伴侶：「還好我趁開會先逃走了，會計也拿我沒輒，哈哈。」

他和伴侶吐了工作的苦水，伴侶也分享了自己的辛酸，雨文說這是他倆感情最濃情蜜意的時候。我邊看邊皺眉，因為我從這段對話中，沒有捕捉到情感的交流。

又再看了幾段，我印證了猜想後，便和雨文說：「你認知的感情好，可能需要重新調整定義。」

雨文說：「怎麼說？是因為我們的感情有什麼問題嗎？」

我說：「如果你可以放下這段關係，不再理會它的好壞，那就沒問題，但如果你想修復這段關係，那問題就很大了。我從你的聊天中，沒有看到你和伴侶有深刻的情感交流。」

雨文驚訝問：「我剛剛給你的那幾段也不算嗎？」

我說：「我會說那是一段各說各話的聊天，但不是真正意義上的情感交流。」

接著我和雨文解釋起了，怎樣叫做真正的聊天，也藉此讓他明白，他和伴侶之間潛藏的問題是什麼。

上面那段對話是由雨文開始的，他說「今天累翻，被客戶追著跑了一天」，這是雨文想吐露自己的苦水，可是伴侶的回應卻是把話題轉移到「我也是，一早就被會計追殺」。

在這一刻，話題的重心改變了，原本主軸是「雨文的工作辛酸」，伴侶把話接過去以後，主軸變成了「伴侶的工作感受」。

有人可能會說：「可是正常聊天不就是這樣嗎？你分享你的日常，我分享我的。」

不，這不是正常的聊天，這樣的聊天很通俗沒錯，但你們只是在交換資訊，而不是交流情感，同事之間也許可以這樣聊，因為你們不打算建立深厚的關係，可是伴侶若也這樣聊，那關係就會漸漸疏離。

疏離的原因是，你們沒有人想「承接對方的情緒」，每個人都只說自己想說的，當狀況如此，聊天就只是「在同一個空間／軟體上各說各話」，然而當聊天結束，雙方都沒有因此更認識彼此一分。

我和雨文說：「所以你看，你們後續的聊天就開始出現分歧了，你說你想翻桌，他說還好他逃走了。這是不是很像，你說麥當勞很好吃，他說摩斯也很棒，你們說的都對，但問題是你說的和他說的，又有何關係呢？」

雨文經我這麼一點頓時明朗，他說：「對欸，我從來都沒有發現，原來我們是在各說各話。」

不過，明朗後的雨文又陷回頹然，他續道：「結果實際狀況比我想得還糟，我原本還以為以前我們感情不錯，但這樣看來，其實那也是假的。」

我說：「你這麼說不太對，你們的感情都是真的，對雙方都是真誠的，不存在虛假一說，若非要形容，應該說你們尚未真正的認識和理解彼此，所以你們看似交往很久，甚至都是夫妻了，可是關係還很陌生。但陌生也是好事，你們沒有陰影和傷痛，所以只要打破陌生，那關係就可以昇華。」

雨文說：「那我可以先做些什麼？」

我說：「你得先理解，低維的無話不聊，和高維的無話不聊有何不同，那你才知道，你可以往怎樣的方向付諸行動。」

低維聊天：宴席上的表面熱絡

兩個人的感情好不好，不能單純用「無話不聊」來判定，因為聊天的重點不在「無話」，而在於你們都聊了些什麼，話語有沒有觸動，情感有沒有交流，那才是聊天的意義所在。

舉個最簡單的例子，你有參加過朋友的喜宴，或是公司的尾牙吧？這些場合人們的話是不是也挺多的？就算再怎麼省話的人，為了避免尷尬還是會勉強自己，和隔壁不相熟的人擠出話填補空白。那你說，這樣的無話不聊，可以增進情感，提升關係嗎？

肯定是不會的，這類聊天不論看似有多熱烈，對經濟、時事的觀點剖析有多透徹，我們知道，那就是為聊而聊而已，當宴席結束，大家還是各走各路，人生再也沒有交集。

宴席的聊天是低維的，當天誰說過什麼，可能連當事人自己也忘了，那都只是表面形式上的熱絡。

宴席聊天是如此，平常你和同事的聊天也是一樣的，你們上班時聊得有多麼熱切，下班後的關係就有多麼冷漠，所以要推判人與人感情的好壞，光只看聊天的時長、回覆的頻率，是絕對不夠的。

也因此我在檢視雨文的聊天時，看的就不是回覆速度的快慢，也不是聊天的密切程度，或回覆字數的長短。這些固然是基本指標沒錯，但雨文所追求的並不是「一般的感情」，他希望和伴侶的關係是心心相印、心靈相通，對他來說，一段婚姻的感情高度若只停留在一般，那婚姻也只是名存實亡。

因此接下來的分析，我會用「靈魂伴侶」的規格來說明，什麼叫做我心目中認定的「無話不聊」，我也相信這才是你翻開本書的目的，以及每一個嚮往真愛的人的真心所求。

低維聊天的特徵

☑ 雙方只有資訊上的交換，但欠缺情感上的交流。

☑ 各說各話，你一言我一語，可是雙方都不承接對方的情緒。

☑ 看似很熱烈，話題從沒斷過，實則無法增進感情和提升關係。

從角色的深廣，看聊天的四種型態

想客觀區分，怎樣的聊天可以增進情感，怎樣的聊天只是逢場作戲，我會先從「角色的深與廣」來切入，再介紹四種型態各異的「無話不聊」，你可以對比自己當前的狀態，就知道你和另一半的感情是深是淺，想改善，又該如何著手了。

角色的深與廣，決定你們的共鳴

先說說角色的深與廣，你和他人之間的角色，基本就決定了，你們能夠聊什麼內容、展現什麼情感，取得怎樣的共鳴。

舉例來說，如果你和某人的角色是「老師與學生」，身為老師的一方，就需要傳道授業解惑，身為學生的一方，則要保持好奇、提出困惑，並有求取知識的心。

因此當一位求知若渴、虛心若愚的學生，碰上了知識淵博、博覽古今的老師時，兩人必定一拍即合，一人擅教，一人擅學，自然會有聊不完的話題。

此時學生會引發出老師的潛能，因為學生若聽得似懂非懂，老師就必須對於知識有更透徹的理解，用更淺顯的方式傳授知識，而老師的教學，也會激發學生的潛能，老師精闢的說明，讓學生一點就通，學生可以從學習中得到樂趣。

但大多數時候，角色的運作是很難如此順暢的，原因有三：

1. 角色深度不足

當一位擅於學習的資優生，碰上不擅教學的老師，這樣的組合能快樂教學，寓教於樂嗎？或者反過來說，死腦筋的學生碰上高來高去的老師，他們能擦出精彩的火花嗎？

稍微想想你就會明白，這是很困難的，雖然人們總用有教無類來要求老師，用為學日益來要求學生，但真實狀況是，老師和學生，各自有自己的侷限所在。

當然有時候侷限也不限於能力，而在於意願，或某個因素出了差錯，進而會造成的結果就是「角色深度不足」。

老師和學生互相需要，就如同唱戲的人需要聽戲的人，脫口秀演員需要觀眾，伯樂與千里馬也是如此，當彼此的深度不足，就會讓溝通產生滯礙，情感也到不了更高的層次。

2. 角色發生錯位

另一種常見的限制，是角色發生了錯位。

錯位和深度不足很容易混淆，簡單的區分方式是，深度不足是指「你們互相需要，但需要的程度很低」，錯位是指「你們完全沒有互相需要」。

用實例來說，一個喜歡在關係中扮演「被照顧者」的人，他需要的角色就是「照顧者」，如果這兩人都清楚意識到這點，他們在當前角色不變的前提下，相處就會是融洽的，我稱此為「角色正位」。

「角色錯位」則剛好相反，當你以照顧人為樂，卻碰上了和你相似的人，此時你們都是照顧者，可是沒有人存在「被照顧的需求」，那麼你們的角色就是「錯位」的，除非有人轉換角色，否則相處時，你倆都會感到莫名的不對頻。

那角色錯位有多常發生？老實說，多到你無法想像，甚至都不用說到談感情，光是在職場上，隨手就可以抓到一大把角色錯位的人。

比如你是否見過，明明是客人，到別人家做客，卻把自己當主人的人，想吃什麼自己開冰箱就拿了，應當注意的禮儀也沒拿捏分寸，讓主人尷尬萬分。

也有把自己當員工的老闆，他明明應該做好決策和管理，但偏偏喜歡凡事親力親為，什麼事情都想插手，最後搞得大家都不知道怎麼做事了。

也有些錯位是荒謬離譜但時刻在上演的，比如你和某人是朋友，你們明明是同期，資歷也差不多，但他總喜歡以「社會經驗豐富的前輩」角色自居，這時你的角色如果不是「虛心求教的後輩」，那你們是不可相處的，因為他的言語中必定滿是說教和老人言，你又如何能聽得下去。

與他人的關係如此，與伴侶的角色錯位，更是許多人難以自知的，他們總是在錯誤的時間點，用錯誤的角色回應伴侶，那感情日漸疏離，就是可預期的結果。

3. 角色廣度不夠

最後一種角色上的難題，是我認為最棘手的，它既不是深度不足，也不是角色錯位，而是廣度不夠。

深度不足是你們在當前的關係內，角色是正位的，只是基於某些原因，無法進行流暢和有深度的交流；角色錯位是，你本具有某種角色，可是你沒有在正確的時機讓它出場，所以雙方的頻率對應不上；廣度不夠是，你們因為內在情感、閱歷或某些限制，彼此都不具備「對方要的角色」，導致你們被困在特定且單一的角色中。

不要輕視廣度的影響，正因廣度的存在，才讓一段關係有了彈性，你可以藉此認識完整的對方，同時在關係中，探索無限的自我。

以情侶關係來說，常有人問我：「兩個人相識而交往，讓雙方互相吸引的那個關鍵，到底是什麼？」會這麼問的人，通常以為關鍵一定是激情，而激情又源自於天生的性吸引力，所以天生魅力不足的人就沒救了。

但這不是一個事實，事實上每個人會被吸引的關鍵是不同的，當你碰上重視才情的人，你的才華對他而言，就耀眼得像是太陽，你若遇上看重舒適度的人，那你們能否像好友般聊天，才是最重要的加溫因子。

換言之，吸引的關鍵在於角色的對應，角色對了，那吸引就會發生，因此你能扮演的角色越多，你和他人產生情感連結的機會就越多。或者你也可以說「你所擁有的角色廣度，就決定了你的行情寬度」。

而廣度的重要性，也不只存在於交往前，在你和某人交往後，它也是感情能否持續、能否穩固，能否昇華的關鍵。

為什麼我會敢如此斷言？你自己稍微想想就知道了，容我反問你，你認為一段感情要能持續，其中的關鍵是什麼？

你可能會和我說信任，會說理解，會說陪伴，你說的這些都很有道理，但這些東西都是你用理性去思考後才出現的答案，並非第一時間的直覺。

但我想請你去思考的是，如果把這些東西暫放一旁，那到底是什麼吸引著你，讓你願意在一段關係中投注更多的付出和感情？來，讓我告訴你，你經過無盡的思考，最終會得到的答案吧。

你會說，關鍵是「你從中體驗了什麼」。

你的體驗越深，越多元，越豐富，那你就會對這段感情充滿信心，你的體驗越淺、越單調、越乏味，當體驗衰敗到一定程度，你自會想要淡出，或是把時間挪給「體驗更佳」的人。

請注意，體驗和新鮮感是不一樣的，新鮮感意味著每種感覺都有保質期，當感覺過期，就是需要換人的時候。我說的體驗則是「可以無限昇華和疊加」的情感。

好比你和父母深刻的感情，它也許會有矛盾，但不會過期，也存在昇華的可能，你和家裡的貓貓狗狗也是，你不會因為新鮮期過了就捨棄牠們，牠們和你的感情可以從寵物昇華成朋友，這些都是體驗。

那什麼又叫體驗豐富？我會用四個字來形容——角色堆疊。你的伴侶之間堆疊的角色越多，你們的體驗就越豐富，當另一半不僅是你最好的朋友，也是你的死黨、玩伴、同好，或是我在《Part 11 什麼是真正的幸福快樂？該從哪裡開始建構？》

提到的知己、夥伴、莫逆時，你會因角色的堆疊，體驗到至高的幸福感。

反之，若你和伴侶的關係，從頭到尾就只有互為「情人」的角色獨立支撐，那當激情褪去，等待你的未來就是，你不想再花時間和伴侶相處，你寧願把時間留給朋友、同事、同學，此即是因為你的體驗不佳所導致的。

角色對聊天的影響	
深度不足	你和他雖能交流，但受限於某些原因，你們只能淺聊，無法深交。
發生錯位	你們的需求對不上，給不了對方想要的，就算有意願也無法交流。
廣度不夠	你們能聊的話題極為有限，當情人角色從關係中褪去，雙方也就失去了聊天的動力。

聊天與關係的四種型態

如果你能懂前文關於角色的深與廣，以及角色堆疊的觀念，那把角色再對應到聊天，你就能更清楚的明白，在伴侶關係中，怎樣的聊天可以提升情感，怎樣的聊天就算滔滔不絕，對關係的改善也毫無作用。

我把伴侶之間的聊天（相處）分成四種型態，這四種型態都可以達到無話不聊，但重點不是無話，而是聊天的品質和內含的意義。

1. 深廣皆無

如果一對情侶感受不到彼此的魅力，關係也沒有友情支撐，工作上也無法互相欣賞，那我會說他們的角色狀態，就是深廣皆無。

這是最糟糕的一種狀態，也象徵一段關係走到盡頭了。

我看過很多人的關係就是如此的，明明兩人對彼此都毫無感情，卻不願面對現實，反而欺騙自己，再和身邊的人說「我們很好啊，我們現在就是各過各的，所以才能互相尊重」。

那你說，什麼樣的關係才會各過各的？答案是室友。所以這段關係的本質，其實是兩個陌生人，同居在某個空間，彼此只是室友，共同分擔房租水電而已，即使你和室友可以無話不聊，可是你們的聊天一定虛浮於時事新聞八卦，對情感的增進不具有任何意義。

我不會說，你得趕走你的室友，也許好室友真的難尋，你們可以繼續同居無妨，但你們明明身為室友，卻要互稱男女朋友，甚至還維持婚姻關係，這樣的人生又何苦呢？

2. 有廣無深

第二種無話不聊，實則暗藏問題的狀態是有廣無深。

你們什麼都聊，碰上什麼事都能交換想法，但你們都沒能夠展露真實的自我，所以對彼此的認識，永遠停留在淺薄的表象，此即有廣無深。

而從你自身的角度來看，如果你和所有人的關係都是有廣無深，那你會感受到的就是孤獨、不被理解和寂寞。

你身邊有朋友，但沒有人是你的好朋友；你有因興趣而認識的同好，但沒有人是深刻懂你的知己；你有因才華而吸引來的粉絲，但他們只是崇拜你，沒有人能真正理解你的內在世界。

你的處境就如尼采所說：「更高級的哲人獨處著，不是因為他想孤獨，而是因為在他的周圍找不到他的同類。」

3. 有深無廣

如果你的人生已經有了最要好的朋友、最浪漫的情人、最能懂你的知己，或是三者你只擁有其一，那你已非常幸福，世間少有了，這是非常可貴的無話不聊。

所以我不會說，有深無廣的關係不好，它很棒，你能和某人建立如此深的情感，除了你自己要能扮演好某個角色，他也要和你相處融洽，再加上雙方強烈的意願，才能創建這段關係。

有深無廣是很好的開始，以此為階，繼續往上走，你就可以通往「深廣兼具」

的高維關係了。

4. 深廣兼具

我把深廣兼具的關係稱為「至福」，任何人只要體驗過，就會深深被它的美好所吸引並沉浸其中。

但它不是那麼容易能領悟的，以下讓我繼續用和雨文的對話，為你說明，它到底是怎樣的感覺，它蘊藏的美好又是什麼。

在我花了一番時間，和雨文說完角色深廣的差別後，雨文提出了疑問：「可是我也聽別人說，千萬不要把伴侶當成最好的朋友，一來是這樣給關係的壓力太大了，二來是當你失去了他，你就失去了所有。」

我聽雨文這麼說，瞬即明白他的困惑是，好朋友歸好朋友，伴侶歸伴侶，為什麼非要把他們堆疊起來，於是我問：「你談的是選擇，選擇沒有對錯，不過我想問，你覺得如果你的伴侶是你最好的朋友，和你的伴侶不是你最好的朋友，對你來說，感覺上有分別嗎？」

雨文說：「聽起來好像也不錯，至少我的選擇好像變多了，本來我的伴侶就是「好友加情人」，感覺我是把雞蛋都放在同一個籃子裡，可是現在我讓伴侶歸伴侶，好友歸好友，那我的風險就分散了。」

我說：「那如果我告訴你，當你的伴侶具有「好友加情人」的角色後，他就不再是雞蛋，而是鑽石，你還覺得，你是在分散風險嗎？」

雨文似懂非懂地說：「P大你的意思是，當角色發生堆疊後，我對伴侶的情感會發生改變？」

我說：「是，不僅會發生改變，還會發生質變。想像一下，如果有兩種狀況，狀況一，你的伴侶不是你最好的朋友，狀況二，他是你最好的朋友，那請問你們對彼此的理解程度，在哪種狀況下會比較高？」

雨文說：「當然是狀況二，因為他是我最好的朋友。」

我再問：「那是不是也代表，在狀況一時，本來有些事情，你可能怎麼和他說，他都不會懂，所以你們會產生誤解，誤解又會有摩擦和爭持，但是在狀況二，這些都不會發生？」

雨文想了想回應：「是，可是為什麼這樣會產生質變呢？」

我說：「因為你們每增加一重角色，對彼此的理解就多一點，理解會帶來同理，同理帶來欣賞，最後的結果就是，你們因角色的堆疊，達成了更高層次的心靈相通，這就是所謂的靈魂伴侶。所以我才說，你絕對不會把只有單一角色的普通伴侶，和角色堆疊造就的高維伴侶，視為同樣的兩顆雞蛋。」

雨文思考半晌後回覆：「原來如此，這樣我明白了，可是我也感覺更危險了，本來我失去伴侶，只是失去一粒雞蛋，但現在我失去他，不就等同失去一顆鑽石嗎！？」

我笑回：「如果你因為鑽石很珍貴，為了避免失去的痛苦，所以不願擁有它，那你也不該吃美食了，因為有一天你會吃不到，那你該怎麼辦呢？你也不該讓生活充滿各種美好的體驗了，因為他們終將會消逝，屆時你又該怎麼辦？而你會來找我，不正是因為你想改變關係，怎麼現在竟然因為關係可能變得太好而害怕呢？」

角色之於關係的四種型態

深廣皆無	最糟糕的狀態，關係已走到盡頭。
有廣無深	你們看似無話不聊，其實內在無比寂寞。
有深無廣	非常不錯的起點，是構築高維關係的第一步。
深廣兼具	豐富美善的體驗，至高無上的幸福。

建立理解的橋樑

有位智者曾說過「世界是一本書，不旅行的人只讀了一頁」，我想若把這段話改為「人是一本讀不完的書，沒有角色思維的人只讀了一頁」，道理也是完全適用。

人際關係很奇妙，我們因為角色的存在，所以能用角色的視角，去看待自己與他人的相處，並從中有所收穫，比如戀愛就是這樣的，在「戀愛腦」的作用下，你給自己設定的角色是情人，所以你感知到浪漫和情趣。

但角色的存在，同樣也限制了你去認識「完整的對方」，你總是把他當情人，那你就看不到他的能力、才華、智慧、勇氣等等同樣閃耀的人格特質。所以很多情侶的關係，才會越交往，越乏味，越相處，越萎靡，因為他們用以相處的角色淺而窄，也沒有意願去改善關係，那關係自然會邁向消亡的盡頭。

再說回雨文的故事，雨文在被我點破矛盾，並建立了角色堆疊的觀念後，他對於關係的認知，開始有了新的想法。

原本他對關係是絕望的，認為他和另一半就是一灘死水，已經沒有幸福的可能了，但認清現實後他才知道，原來是角色的深與廣出了問題，如此一來他就看到了努力方向，並重新燃起了希望。

我在確定雨文已經具備了足夠的知識後，我請他進行下一個關鍵步驟，開始著手搭建「理解的橋樑」

雨文起初不太明白緣由，問道：「可是我先要做的，不是先建立角色的深度和廣度嗎？」

我說：「角色的堆疊需要時間，就像你不會僅是知道情人這兩個字，下一秒你就能成為好情人了，角色的建立需要自我塑造，需要時間提升，而且更重要的是，你得去建立理解的橋樑，堆疊才有發生的可能。」

雨文問：「堆疊需要時間我明白，但我不太明白，理解的橋樑是什麼，它和堆疊有何關係？」

我說：「理解橋樑存在的目的，是讓你和他的溝通可以順暢無礙，彼此想釋放的情感可以被精準傳遞。舉個例子，以情人這個角色來說，你覺得你認知的情人，和他認知的情人，雙方對浪漫和情趣的定義完全相同嗎？」

雨文說：「可能有重疊，但也有不同的部分。」

我說：「那就對了，如果不同的部分剛好發生，是不是會造成，你想表達情意，他卻接收不到的狀況？」

雨文稱是，我說：「當這種狀況持續發生，你們各自的感受是如何？或者說，你們會怎麼看待溝通上的錯頻？」

雨文說：「一開始可能會想再嘗試，但久了就會覺得失落，或是想放棄了。」

我說：「沒錯，這就是理解橋樑需要存在的原因，只有把橋樑建造好，你們才能完整的表達和接收彼此的心意，能做到這點，你們就能釐清彼此對情人的認知差異，進而針對差異去改善關係。」

雨文機靈道：「這算不算是一種換匯？因為我們持有的貨幣不同，直接兌換會有問題，所以我們各自把貨幣換成黃金，再用黃金來做交易，就可以解決雙方的認知落差了？」

我笑回：「你可以這麼說沒問題，不過你們不是在交易，而是在交流，流通往來的不是貨幣，而是情感。」

表達自己所想是一道難題

想要建立理解橋樑，說簡單很簡單，就是「表達你所想的」，「聽懂他想說的」，這兩點能做到，橋樑就完成一半了，剩下的就是對方要完成他的橋樑，你們之間所有的溝通問題，就會迎刃而解。

但建造橋樑，說難也非常困難，以第一步驟「表達你所想的」為例，很多人對自我的理解過於短淺，同時因為匱乏心態作祟，使他們的言語總是傷人又帶刺，一說出口就會破壞關係。

舉一個最常見的狀況——父母與晚歸的子女，很多父母看到晚歸的子女，劈頭就是一句：「你為什麼那麼晚回家？」

此時子女們通常會有兩種反應，第一種是：「我不是跟你說，我和朋友出去慶生？」此話一出，接著上演的一定是爭執的戲碼，父母覺得子女不敬，子女覺得父母沒事找碴。

子女的第二種反應是，老老實實地回答：「我今天和朋友出去慶生啊。」你猜父母滿意了嗎？不，父母還是會繼續追問：「你明知道會晚回來，怎麼不早說？」子女在連續的追問下，即使耐著性子好好應答，但心裡那股被質疑的怨氣，還是種下了日後引發雙方矛盾的種子。

我想請問你，若針對以上的情境，誰該改變，誰該自省？

如果你把問題拿去問長輩們，長輩們鐵定告訴你，是兒女該自省，因為父母也是一片好意，他們只是想關心子女，只是口氣比較嚴厲。如果你把問題拿去問子女們，子女們也肯定會說，是父母要改進，就算他們想關心自己，口氣也可以好一點。

那聽完他們各自的回饋，你滿意嗎？你覺得事情徹底解決了嗎？很遺憾的，我認為這些都是欲蓋彌彰之舉，非但沒有解決問題，反而把事情越搞越複雜了。

以下讓我為你一一解析，當中存在的「溝通問題」。

首先父母的目的，其實不是要表達關心，他們真正的目的是「希望長期在外，忙於自身生活的子女，能抽出一些注意力來關心自己」。

那為什麼他們不直接說「我們很久沒有一家人一起吃飯了，你什麼時候放假，找時間聚聚」呢？因為父母們的心態也是矛盾的，他一方面想尋求關心，一方面又覺得，以長輩的身分求子女關注是低聲下氣之舉。

所以為了保持威嚴，他只好把尋求關心，用反問句，再加上命令的形式表達出來，所以話語就組合成了「你為什麼那麼晚回家」。

我猜有人會想問，那子女呢？不關心父母的子女，難道就沒有道德上的責任嗎？坦白說，這樣的思路，就是使建造理解橋樑如此困難的原因。

子女確實應該關心父母沒錯，但我們談論的是「當下的單一事件」，在此事件中，先發話的人是父母，有需求的人也是父母，所以要主動做出改變的人是父母。

但如果有人非要曲解原意，把戰場擴大為「都是子女不關心父母，才造成父母要為難子女」，那平和的溝通就無法進行下去了。

因為子女大可以再舉例，他們的冷漠是父母造成的，是父母從小到大都沒善盡養育義務，才造成雙方情感疏離，父母也可以再回擊，是子女忘恩負義，如此一來一往，原本針對單一事件的討論，就會變成全面開戰，關係只會更加惡化。

所以在此也請你明白，以上我舉的案例並不是要批評父母，我想表達的事情很簡單，**人們往往會因為自身的內在矛盾，就讓脫口而出的言語失控，因此要建造理解的橋樑，光是「清楚表達你所想」就不是件容易的事。你需要深度自知，處理好內在的匱乏，解開心裡的自我矛盾，你才算達成了「表達」的第一步。**

【關於什麼是深度自知，請看 Part 7 什麼是信任?如何達到無條件的信任?】

傳遞理解的意願

雨文聽完我的解析後，本已回復神采的表情又變得略帶喪氣，他說：「P大那如此看來，我要開始修復關係，豈不是要先整理好自己，可是這樣幾個月甚至一年的時間就過去了，我還來得及嗎？」

我說：「所以你不會等到一切都準備好才開始，你現在就可以開始，即使你的自知有提升空間，表達也還不到位，你還是有能付諸努力的事。」

雨文問：「我可以做什麼？」

我說：「你可以和伴侶傳達『理解的意願』，這是在你的表達開始前，你就能做，也必須做的事。」

我猜你是第一次聽到意願，或是第一次知道，意願和溝通原來可以搭在一塊。先簡述一下何謂意願，在溝通的範疇內，意願是驅使你想要和他人聊天的「動力」。

而意願這東西非常奇妙，它具有火焰般的特性，起初它非常微小，稍有風吹草動就會熄滅，可是一旦有機會讓意願燃燒起來，它就會形成熊熊烈火。

為了讓你更形象的認識它，我用最近親眼目睹的事件來舉例：

某次我和娜莎在咖啡廳小憩，恰逢隔壁桌是位保險業務，和一位太太正聊得非常開心。他們聊天的主題引起了我的興趣，便凝神細聽這段對話。

起初太太很開心，她高興的和業務分享自己孩子目前上幼兒園的近況，業務員也專心聆聽，順口介紹到適合的保險。聊著聊著兩人的話題又從「育兒」轉換到「幼稚園學費很貴」，再聊到收入、股票、房地產等話題。

我聽得正津津有味時，業務員突然轉換了話題，開始聊起了自己的原生家庭，期間也持續介紹保險。此話題持續兩三分鐘後，太太突然說，自己想起家裡還有事情，於是匆匆忙忙就走了，留下了一臉茫然的業務。

數分鐘後一通電話打來，業務員和電話裡的人說：「這筆單可能掉了，客戶對產品沒有太大興趣。我有努力推，可是太太一直轉移話題，可能是我推錯產品了。」最後他掛上電話，愣愣地坐在原地。

以上的情景，如果你是那位業務員，你會怎麼解析問題呢？你真的認為，問題出在產品不符合需求嗎？

從我的視角看來，狀況並不是如此的，因為他倆聊天的一開始，太太就知道對方的身分，可見她是有準備來赴約，不存在產品不符或她鐵了心不想買保險的問題。

我所看到的是，業務沒有注意到他破壞了太太的「分享欲」，無意間把話題搶了過來，太太分享的興致被澆熄後，連帶也喪失了聊天的意願，更別說還想要理解業務推銷的產品了。

只要是人，都有與生俱來的「分享欲」，這是從幼童時期就開始，不需要他人教，天生就有的欲望。所以有帶過小孩的人都知道，小孩到了某個年紀，會非常想要你聽他說話，一方面他想得到你的關注，二方面透過表達，他可以確認自己在你心裡的重要性。

小孩如此，大人也是一樣，我們會對那些「願意聽我們說話」的人產生好感，透過被聆聽，我們不再感到孤獨，透過被理解、被同理，一種深層的安全感會從內在萌發，於是我們自然會想和對方親近。

但這樣的體驗，在現今是非常稀少的，至少在我的觀察內，很少人能夠有此享受，大部分的人沒有機會，也無法在任何的人際關係中獲得這種體驗。

比如在公司，上司只是單方面對你下達指令，同事也只想單方面和你抱怨；在家裡，父母給你的是批判和說教，你稍微說一兩句，就會觸動他們的地雷，引發爭吵；在伴侶身旁，你們看似互相聆聽，但其實他說他的，你說你的，雙方的對話毫無交集。

而當沒有人想聽你說話的狀況持續，你原本旺盛的分享欲，也會一天天因找不到出口而逐漸熄滅。

但好消息是，也正因如此，**如果你做為人群中能夠引發他人分享欲，並確實承接這份情緒的人，那你的存在就如同乾柴，只要經過適當引導就能和他人的分享欲發生作用，燃起烈火、加溫你倆的情感**。

而在溝通中，用以引發他人分享欲的做法，就是「傳遞理解的意願」。

傳遞理解三步驟

什麼叫「理解的意願」呢？

白話來說就是，你給對方一個明確的訊息，讓他知道，現在你已經準備好：

- 不帶批判

・不帶指責
・帶著好奇
・帶著積極的意願

聆聽他接下來準備要說的每一句話。

我知道不少朋友看到這會想，這還不簡單，直接告訴對方「我願意聽你說話」，這樣不就可以了嗎？

坦白說這種聊天方式，無異於銷售員直接跟客戶說「我們的商品最好」，你說是說了，但他會怎麼解讀，又是另外一回事。傳遞理解的意願，需要的是一步一步慢慢走。那具體來說要怎麼做呢？以下分享的，是當時我傳授給雨文的「傳遞理解三步驟」。

1. 辨識對方的情緒

不管你和誰在聊天，你要知道，人都是帶著情緒在說話的，可是基於自我保護、面子問題，人們喜歡把真實的情緒給隱藏起來。

所以你得要有能力，從他的語言中，辨識出「情緒」在哪。

比如前面提到業務員和太太的案例，我在當下聆聽時，就聽到太太的情緒至少就有三層，第一層是陪伴孩子成長的成就感，第二層是孩子漸漸獨立，她為孩子感到開心的喜悅感，第三層是，她白天終於可以稍微休息，不用全帶職孩子的輕鬆感。

但很可惜的是，那位業務沒能辨識出太太的情緒，所以他跳過了這些「太太有分享欲」的話題，使太太分享的情緒被中斷了，中斷的結果就是，太太也不想再聊下去，轉身離開了現場。

2. 引導情緒釋放

當你能辨識出這樣的情緒以後，先別急著下結論或給建議，只要一做出這兩種行為，對話也會立刻終結。我看過很多夫妻之間會有溝通、相處，甚至爭吵的問題，其本質上的原因都是，雙方無法去引導和承接彼此的情緒。

那什麼叫做沒有承接呢？若老婆說「帶孩子很有成就感」，老公回「代表你不夠努力」，這就是沒有承接，是老公把個人的意見，強加在老婆身上了；

若老公說「看孩子獨立很開心」，老婆回「因為都是我在照顧」，這也是沒有承接，老婆站在自身角度看待事情，破壞了老公的分享。

而人性是這樣的，我們都渴望被別人理解，所以我們自然會希望，和我們最親近的人，能夠承接自己的情緒，然而當你內在的某個情緒，它無法被身邊的人承接，你會下意識的去尋找「能夠承接的人」。

這也是為什麼很多人交往越多年，留給彼此的相處時間會越少，因為伴侶只會給他負向反饋，那他當然會想把時間留給更懂他的人。

3. 表達你理解這樣的情緒

雨文在聽我說明完這兩步驟後問：「如果我嘗試以後，對方的分享欲還是沒有動靜，態度還是愛理不理，那我該怎麼辦呢？」

我說：「除非你做得不對，否則這幾乎是不可能的。」

雨文說：「會不會有一種可能是，我對他而言已經失去魅力，所以不管我怎麼做，也無法重新燃起他的分享欲了？」

我說：「如果你說在某個特定角色內你失去了魅力，比如你說自己不是好情人，你完全不懂情趣，就是別人俗稱的木頭，那是有可能的，但若你現在談的是，你所擁有的每一個角色都毫無價值，他連瞧上一眼都懶，他對你連朋友都不願維繫，這種可能性是非常低的。況且你都還沒嘗試，怎麼就能確定呢？現在既然你已經意識到自己的問題，那就想辦法從生活中點滴去改變，放手試試，只要願意行動，關係一定會有變化。」

我鼓勵了雨文後，再結合他的聊天慣性，進一步和他說明，他該用怎樣的態度表達理解，對方才的分享欲，才會更容易被喚醒。

我也請他務必注意，在傳遞理解時，傳遞者的態度必然是委婉、溫柔、誠懇的，之所以用這樣的態度，是因為分享欲的火苗最害怕被無視、曲解、中斷、批評，這都會立刻澆熄對方的分享欲。而在傳遞理解的同時，也要小心不可展現「信誓旦旦的說你懂」、「信心滿滿的說你明白」的態度，這種自以為是的態度中夾雜著傲慢，會使對方把好不容易打開的心房再次封閉。

關係的質變，來自雙方的意願

由於雨文和伴侶的感情已冰凍三尺，不是用數日的努力就能逆轉的，我請他要有心理準備，他付出的行動，至少要數月才能看到成果，這期間他也要同步去自我探索，建立自己在各種角色中的價值，那角色堆疊的質變才會發生。

第一個月，雨文就碰到了關卡，他在自我探索後，發現自己有自我價值缺失的問題，他自己都瞧不起自己，就更別說要散發魅力了。

第二個月，雨文的溝通也遇上了阻礙，他和說我：「我發現自己在聽伴侶分享生活時，會不自覺想要加入自己的意見，告訴他面對這種事，他應該怎麼做，或是跟他說，如果是我，我的感覺是什麼。」

我說：「這是個大問題，你說你的感覺，就代表你正在忽略他的感覺。」

雨文說：「可是我的感受就真的是這樣，難道我應該什麼都不說嗎？」

我說：「你想像一下，你跟我說今天的夕陽好美，我回你，淡水的夕陽更美，你的感覺是什麼？」

雨文想了想，若有所思的點了點頭，我續道：「再舉個例子，你和我分享，晚餐的炸蝦很美味，我回你，怎麼你都吃那麼不健康的東西，你的感覺又是什麼？」

雨文這次聽明白了，回應：「我覺得很掃興。」

我說：「這就對了，你實際感受到的是，你有情緒想釋放，可是剛釋放了一點，我就破壞了你的節奏。」

第三個月，雨文高興的和我說，他找回了朋友的角色，伴侶開始願意分享更多自己的事，可是他很震驚，原來伴侶有很多事瞞著他，沒有把他當成真正的夥伴，現在他知道更多，可是他沒有更開心，反而覺得大受打擊。

第四個月，雨文認知到，原來過去伴侶沒把他當夥伴，有一半的原因是自己因為害怕被批判，所以也在隱藏自我，伴侶無法認識真實的他，那關係當然無法昇華，信任也無法成形。他們大吵了一架，原本復燃的關係，又再次降到冰點。

第五個月，雨文鼓起勇氣，他決定把最真實、最完整的自我，毫無保留的展示給伴侶，他也做好最壞打算，接受伴侶的任何反應。

終於到了第六個月，雨文的感情迎來了蛻變，他是這麼和我說的：「說來真的很奇怪，在我決定要盡一切努力，不留遺憾的去改變我們的關係後，他竟然也變了。」

我問：「嗯？他變了什麼呢？」

雨文說：「我發現他也萌生了想要改善關係的意願，以前他是心情不好，就會想往外跑的人，我不是他傾訴的對象，他也不願透露心事給我，可是現在他會主動把時間留給我，也會和我分享他每天的心情。雖然這麼說很怪，我們明明是夫妻，他把時間留給我本就是應該的，但我真的覺得，我和他的婚姻，從現在才是真正開始。以前的我們，只是兩個陌生人碰巧結了婚，又剛好住在一起，但現在的我們，感情比從前的任何時候都要更好，而我也相信，未來的我們感情也會持續昇華。」

又過半年，我再收到雨文的來訊，這次他發給我的，是他和伴侶在日本自駕旅遊的照片，他沒有說太多，但從他們快樂的表情看來，一切也都不言而喻了。

雨文的故事，就是本章我想告訴你的全部了，伴侶關係的盡頭，真是就是無話可說，各自生活嗎？如果你不明白什麼是角色堆疊，也沒有意願去改變自己，那確實是的。

也不只是伴侶，任何一種人際關係，若角色出了問題，雙方也沒有想互相理解，牽繫彼此的緣分就會漸漸散去。

但如果你有強烈的意願，願意自我塑造，找回缺失的角色，建立能增進關係的角色，並傳遞出你想理解對方的意願，你就能創造無上的幸福關係。

如何正確傳遞理解

☑ 第一步：辨識出對方潛藏的情緒，知道他此刻在意的是什麼。

☑ 第二步：引導對方抒發感受，順勢承接他的情緒。

☑ 第三步：溫柔表達你的理解，傳遞你想理解他的意願。

PART 4

如何篩選出適合你的人

「我該如何篩選伴侶呢？請問 P 大有沒有什麼篩選的秘訣？」 在我的信箱中，這是我最常收到的學員與讀者提問之一。

如果可以，我實在不想和你談如何篩選，因為篩選這一詞本身就帶有了傲慢與輕蔑。

用更白話的說法，當我們給一個人貼上篩選者的標籤，他就彷彿是高高在上的皇族，被篩選者則是卑微到塵埃裡的奴僕。而不論你是篩選者還是被篩選者，我都由衷希望你不是其中一種，因為兩者的存在都是悲哀的，既欠缺平等也不存在相互尊重，這樣的關係永遠不可能長久。

然而我也知道，即使我呼籲不要篩選，最終你還是會無意識的去篩選，那既然如此，不如由我來幫你建立正知正見，也好過毫無章法的行事，意外把自己的幸福給篩掉了。

本章我會重新為你定義，如果你非要學習「怎麼篩選伴侶」，你該秉持怎樣的原則，內在的起心動念又該如何調適，才能成就美善的關係。

篩選的兩大前提：資源和自知

在正式說明篩選之前，我們得先確定兩大前提：

1. 你有足夠的篩選資源，那篩選才會成立
2. 你有完整的清醒的自知，不是憑感覺而篩

以上的兩項前提只要缺少其一，那你想要的篩選就無法發生。

篩選資源

先說篩選資源，你是否認同，你想篩選任何事物的前提都是——你要具備足夠

的篩選資源，篩選才能成立？你想篩選車，你要買得起車，你想篩選水果，你要能買到這些水果，那當你把篩選的事物換成人，狀況也是一樣的。你想篩選人，前提是有人能被你篩選，一般而言，我們把這件事稱之為「有行情」。那從關係的角度來看，怎樣才能稱作行情呢？

想像一下，有天你參加了一場多人聯誼，聯誼中有五位異性對你有好感，但你對他們無感，你算不算是有行情？

另一個場景是，你在健身房運動時，認識了兩位健友，你和他們二人互相都有好感，你算不算有行情？

我的答案是，前者不算，後者算。

在前者的情況下，對你有好感的人，你對他們無感，那你的行情是假的，這無法驅動你想進入一段關係，只要你對他們是無感的，那再多人喜歡你都沒意義。

但後者的情況則不同了，對你有好感的人，你也對他們有好感，此時你的行情則是真的，你能吸引到「吸引你的人」，你們從關係的起點就是雙向吸引，這段感情談得才會有滋味。

所以你的行情不取決追蹤人數或按讚數，也不取決於多少人想約你。只有你想約會的人，恰好也想約你，你才具備了真正的篩選資源，那談篩選也才有意義。

清醒自知

接著是自知，這是一般人很難理解，卻又佔據決定性因素的前提。我常會問想篩選他人的人，你們是怎麼知道，自己想找怎樣的伴侶呢？幾乎所有人都會說，那當然是看外在條件還有內在條件。

目的性強的人，甚至會開始列條件清單，以外在來說，先要看職業、工作，接著是身高、外型，內在則是個性要「情緒穩定」，能為自己負責，也有人會說要找三觀合的。

關於外在的篩選，我認為很少人真正懂，如何正確的看待外在條件，此部分在稍後的篩選七原則會細談，在此讓我們暫時先跳過，至於內在條件的部分，則是我認為更加荒謬的擇偶誤區。

我不是說內在條件不好，我指的荒謬是，人們通常沒有意識自己在挑什麼，比如說，你去大街上隨意找路人問：「欸，你覺得伴侶要找情緒穩定的嗎？」

你會得到的答案十之八九會是：「當然啊，情緒穩定很重要。」

若你再問路人：「那你情緒穩定嗎？」

路人必然會說：「我喔，應該還算穩定吧。」

看到這，我不知道你是否察覺那絲荒謬感打哪來的了？沒錯，如果路人的說法為真，那世界上應該滿是「情緒穩定」的人。

其他條件如上進、獨立、負責任、顧家、善良等等，應該也都十分容易找到匹配的人。那問題就來了，怎麼大家都說自己具有上述特質，可是你問大家為什麼找不到伴侶，他卻會說這樣的人根本不存在呢？

至此，問題的真相就水落石出了。

那些打著篩選伴侶的大旗來「篩選」的人，他們最大的問題是「缺乏清醒的自知」，用比較好聽的說法形容，他看待自己的觀點，和他人看待他的觀點，存在極大的認知落差。

用直接一點的說法則是，他對自己的「自知」極為薄弱，甚至非常偏頗，且帶有嚴重的「自戀濾鏡」。他會把魯莽包裝成勇氣，把懶惰看成是享受生活，把逃避家庭生活包裝成上進事業心強，把分離焦慮包裝成顧家。

也因為不自知的影響，他絲毫無法感知到，自己的言行是否造成他人的不悅、難過、生氣、傷心，那這樣別說是談感情了，他會連和他人建立普通的交情，都碰上諸多困難。【關於何謂自知，可參考 Part 7 什麼是信任？如何達到無條件的信任？】

如何正確傳遞理解

☑ 具備足夠的篩選資源：

1. 你能吸引「吸引你的人」
2. 讓你想約會的人，恰好也想約你。

☑ 建立清楚的自知：

1. 知道自己是怎樣的人
2. 知道自己想尋找怎樣的人

篩選七原則

上述的兩大前提你能明白，就可以正式進入我想為你說明的「篩選原則」了，以下共有七條原則，是我從自己的親身經驗、協助他人，以及諮詢經驗中整理出來的，過去我曾運用他幫助過很多迷茫者、求愛者，希望今次也能幫助你，尋到你盼望的感情。

原則一：避開條件的果，探索條件的因

不用我說你也明白，用「外在條件」篩選伴侶有多不可靠，但因為它實在太誘人，太被大眾所採納了，而且一定會有人跟我說，若不看外在條件，我還能怎麼選？

也因此我必須把外在條件放在原則一，為你說明若以它為篩選標準，最終會帶來的問題。

要知道條件的危害，你可以想像自己正在找工作。打開人力銀行的網站，你會看到很多公司不僅規模龐大、福利優渥、辦公環境也舒適開放，個個都是你心目中的理想企業。

但如果你是個有經驗的求職者，你不會輕易被表象迷惑，你會知道現在的企業都很擅長包裝，你會去反思，為什麼條件能如此優渥？這背後有什麼隱藏的陷阱？為什麼這個職位會一直在徵人？

當你能這樣思考，就不會被外在條件給迷惑，而是能去釐清條件背後代表的含義是什麼。

舉個例子，假設有間公司說：「我們提供業界最高薪資，還有最完善的培訓制度。」有「求真意識」的人這時就會追問：要拿到這份薪資，是否需要達成特定條件？最高薪資已把績效獎金和年終算在內了嗎？培訓制度具體來說又是什麼？之前在這個職位的人為何離職？

為什麼你需要知道這些細節？因為表面上的條件無法完整反映一份工作的實況，一間看似完美的公司可能暗藏著高工時、內部勾心鬥角、散漫的管理。如果你不去探究這些「成因」，就很容易被表象所誤導。

所以如果你什麼都沒問，就認定「敢開出這麼好的條件，這一定是間好公司」，那很可能你選擇的是一個外表光鮮但內部一團混亂的職場。

選擇公司如此，認識一個人亦然，**比起外在條件的「結果」，你更該關注的是「成因」，帶著求真意識去探索成因，你才能徹底理解一個人。**

原則二：莫聽他人塗說

「我跟你說，他雖然脾氣不太好，比較容易不耐煩，但其實心地很善良，人還不錯。」

「他很溫柔，對以前交往的每一任都很貼心，人也很顧家喔。」

如果你是透過親友介紹來認識對象的人，在正式見面前，應該都會聽到諸如此類的評語，但請不要輕易聽信他人之言。

勿聽信，我不是說你要質疑他話語的真實性，你一定是對他有基本信任，才願意接受他安排的約會，但你的朋友真的認識「完整的他」嗎？

就以你自己為主，你認為朋友眼中的你，就能代表伴侶眼中的你嗎？你肯定有某些特質，只願意展現在很親近的人面前，這些面向是朋友永遠無從得知的。

況且談感情的玄妙還不止於此，我曾無數次看到，一個自認很理解自己的人，在進入關係後，對方竟然引發了一個「他自己都未曾見過的自我」。

比如一個他人口中溫柔的人，在戀愛後竟變得暴躁易怒，也有案例是，原本生活懶散的人，在確認關係後，變得上進和積極的。

所以篩選的第二原則是，**你得假設對方是一個全新的人，即使他過去有自己的感情經歷，但你們一起創造的每一刻都是全新的，和你相處的他，才是更加真實的他**，莫聽他人塗說。

原則三：有交流才有理解

讓我考你一個問題，感情是談越多的人越清醒，越知道自己的標準嗎？還是說，一個人清醒與否，和他談了幾任沒有關聯呢？

我的觀點是，如果一個人總帶著「濾鏡」看世界，那就算他是別人口中經驗豐富的情場高手，他仍舊不是清醒，而是迷醉的。

那什麼是濾鏡呢？濾鏡是你看待世界的方式，也可以說是一種偏見。

比如你認為「他在大企業工作，那他一定很上進」，這就是一種濾鏡，你不知道他怎麼入職的，也不知道他工作的初衷，又或是你看到「他有些年紀了還和父母同住，是長不大的表現」，這也是濾鏡，人若只憑著簡陋的線索就做出推斷，那你的推斷必定和現實相距甚遠。

而在所有濾鏡中，殺傷力最大的叫做「我相信」，你的判斷毫無根據，無視眼前看到的事實，只一廂情願相信「自己腦補的幻覺」，那因此傷得最深的人，必定是你自己。

所以與其和自己說「我相信他不會出軌」，不如和自己說「根據我對他為人的理解，他幾乎沒有出軌的可能性」，與其腦補「他就是我的真命天子（天女）」，不如和自己理智對話「我們很適合當情人，不過能否一起生活，這還是未知數」。

從今天開始把濾鏡拿掉，沒有真正相處前，不隨便和自己說「我相信」，也不要「憑直覺做決定」，你應該用我理解取代我相信，用觀察和驗證取代直覺，那你的篩選就會清醒很多。

原則四：好的標準要有權重

我常和學員說，建立篩選標準，其實是一個假議題。

因為知道自己標準的人，他本身就有原則，不需要再次建立；不知道自己標準的人，你幫他建立了也是徒勞，他不會遵守你幫他建立好的原則。

如果這樣說太複雜，你可以把篩選伴侶，想像成你在選擇「如何旅行」。

嚮往歲月靜好的人，會選客製化旅行團，去到人煙稀少的地方，能不購物就不購物，行程鬆散也無妨，氛圍才是這趟旅行的重點。

喜歡熱鬧多采的人，會選大眾化旅行團，知名景點，百萬夜景，有人朝聖的地方都要排入行程，熱鬧是他們旅行的意義。

以上這兩類人都是有原則的，所以他們在選擇旅行團時，不會三心二意，猶豫不決，他清楚自己的喜好，並根據喜好做出無悔的決定。

但如果一個人不知道自己的喜好，那事情就很複雜了，他會把完全相異的旅行團放在一起比較，他的出遊計畫天馬行空，高價的他想去，低價的他也看，小團體他有興趣，大團體他也想參與，在他的旅行計畫內，塞滿了五花八門，從安靜到喧鬧，從城市到鄉野的行程。

那你說，此時你出手幫他建立「旅行原則」，教他如何篩選出優質的旅遊行程，這能有用嗎？很遺憾，不論你多努力，多麼苦口婆心，都絕對是沒用的，在他清楚自己的喜好前，這些原則只是擺設，他聽完就忘了，無法發揮任何效果。

所以套用旅行的思考，人在擇偶的邏輯也是很相似的，若你想建立一套完善的篩選標準，你得注意「權重」。

我對權重的定義是，你怎麼排序自己生活大小事的「輕重緩急」。

細看權重的解釋，你會發現此概念很微妙，我要你關注的是「自己的排序」，而不是先看「對方的排序」，這很奇怪對吧？篩選不應該針對「他人」嗎？怎麼會是針對「自己」呢？

我的思考是這樣的，你如果總是把注意力放在他人，那你很容易就會被他人帶偏，因為一百個對象，就有一百種不同的權重排序。

因此持續注視他人，特別是當你看著那些極具吸引力的對象，你就會開始自我懷疑，甚至想去更動自己的排序，當這些想法一產生，你的自我就不再穩固，也會失去你自身的魅力。

所以在你篩選他人之前，你得先「定好自己的排序」，你可以試著問自己：人生在世，什麼是重要的，什麼不那麼重要？有什麼事情你必須現在就去完成？什麼事情可以晚幾年做？

當你能定好自己的權重排序，那你就有了更清楚的篩選標準，結合其他原則一起併用，自會選出適合的伴侶。

原則五：角色堆疊成就高維情感

電影《剪刀手愛德華》有句台詞：「我愛你，不是因為你是誰，而是我在你面前可以是誰。」

此台詞的原意，是指你在某個人面前，可以毫無顧忌，做最真實的自己。當初這段話隨電影廣傳，讓不少人都執迷於「做自己」，只要誰可以引發最真實的自己，那他就是自己的真命。

不過對這樣的說法，我是不完全認同的，因為世界上並不存在「最真實的自己」，和父母相處的你，是真實的「兒女」，和朋友在一塊的你，也是真實的「好朋友」，和伴侶膩在一起的你，也是真實的「情人」。

所以若非要定義真實，那我的定義是，你是否在他面前，展現了你「所有的角色」，你展現得越完整，你就越真實。

當然，展現的前提是，你本身就具備那樣的角色特質，所以你若不知如何交友，也從未和任何一位朋友，感情有從「普通朋友」昇華到「知己」過，你那自然也就難以和伴侶用「知己」的角色互動。

不要輕忽角色的重要性，很多人的感情會走到盡頭，原因都是角色出了問題，不是「角色深廣度不足」，所以感情停滯，就是「角色錯位」，倆人貌合神離。

角色，是打開高維關係之門最關鍵的一把鑰匙，你和伴侶之間的角色越多，你們能提供給對方的價值就越多，價值越多，你們的感情就越堅定。

【關於角色的重要性，請參考 Part 1 探討角色堆疊之章節】

原則六：堅持不見得是美德，放下也可以是成全

古有云，天下無不散的筵席，這句話多半用來比喻友情的離散，所以多數人對於朋友間不再聯絡，即使心裡有不適，但經過調適後，幾乎都是能接受的。可是很耐人尋味的是，大多數人卻無法接受，天下沒有不散的感情。

在此我想為你端正視聽，我不是要告訴你，真愛不值得你去追尋，或是曲解為靈魂伴侶不存在，這樣思考太草率了，會讓你看不清事實的全貌。

事實是這樣的，你做為一個獨立的靈魂，因應人生不同的階段，還有心智的成長，你本來就會衍生出新的需求，能提供給他人的價值也會改變。

以職場為例，年輕時你注重上班氣氛，公司有按時給薪就行，可是現在的你更重視自我挑戰，你需要能給你舞台的企業；以交友為例，以前的你交友原則是好約好聊就行，可是現在的你希望朋友得互相砥礪和成長，那麼要當你的朋友，沒具備和你同樣的視野與成熟度可是不行的。

職場和交友如此，感情亦然，當你發現，你和另一半對未來的想法有分歧，你們嘗試過解決、溝通，也做到不留遺憾，那放下彼此，也是對彼此的成全。

請記住，你不是成全他和另一個人的感情，這麼想就太淺薄了，你成全的是自己對人生的理想，也成全他對人生的追尋。

原則七：別想在交往前就完成篩選

我知道第七條原則很不中聽，畢竟所有想學習篩選的人，都是想盡早確定對方合適與否，如果能在交往前就知曉，就不會浪費彼此時間。但是從華人的戀愛模型來看（以下簡稱華式模型），這是不切實際的，因為我們文化的特殊屬性，導致了篩選無法被完成。

戀愛模型，指的是你和一個人從陌生、相識、相熟、好感、曖昧、確認關係，共需要花上多少時間，以及你們在情感的發展節奏。

當兩個人的戀愛模型差距過大，就會對關係的定義產生誤解，輕則覺得被騙，重責覺得遭到背叛，給對方貼上渣男渣女的標籤。

以美式文化為例，較主流的戀愛模型分成四階段，分別是Hang out、Seeing、Dating、Relationship。

因應每個階段的不同，雙方都有不同的權利（或者說是默契），比如第三階段Dating，在某些文化，你和複數的異性約會是被允許的，但在華人社會，這是浪子浪女所為，所以誤解就這樣發生了。一方覺得，我們不是都密切約會了嗎？怎麼你還和其他異性來往？另一方覺得，這不過就是正常的第三階段，你憑什麼約束我？

我也聽過有謹慎的美式人，他們認為要用一年的時間才可以經歷上述的戀愛四階段，那你用他的想法和華式人的戀愛模型對比，你會發現想法是天差地別。

華式人傾向「快速交往」，曖昧期不要超過一個月，而且交往後就開始趕進度，立刻就要見朋友、見家人、見父母，甚至交往後就直接同居的也不少見；美式人的傾向則是，我們應該一個一個階段，按部就班的來，當雙方都準備好了，我才會給你我公寓的鑰匙，再處一段時間，我才帶你認識我的朋友。

我不會說誰的模型比較好，好壞是很主觀的，但如果你要問我，誰的模型比較謹慎，誰有更高的機率，選出較適合的伴侶，那顯然是美式戀愛模型。

這也是針對原則七，我想給你的建議，如果你是採「華式模型」，發現彼此稍有好感，就要盡快確認關係的人，那請別想在交往前就完成篩選，你的篩選，是發生在有名分後才開始進行。

請注意，這不是一個觀點問題，而是一個現實問題，試想看看，你們平日都有工作，假日也有自己的休閒興趣與生活，所以在交往前，你們相處的時間必然很有限，那在如此有限的時間內要「一選到位」，這是很困難的。相反的你若採取的是「美式模型」，那此建議對你而言，就已內建在你的模型中了。

篩選七原則

1. 探索條件的因	外在條件只是結果，重點是形成這些條件背後的真實原因。
2. 莫聽他人塗說	與其讓別人告訴你他是個怎樣的人，不如由自己去親身探究。
3. 從交流中理解	把美好的濾鏡拿掉，從交流中看清對方的真實樣貌。
4. 建立喜好權重	配合對方只會失去自我，確立自己的價值排序，才能找到真正合適的人。
5. 注意角色堆疊	你們之間的角色越多，能給對方的價值就越多，價值越多，感情就越堅定。
6. 放下也是成全	若你們已嘗試過盡力解決和溝通，也做到不留遺憾了，那放下也是對彼此的成全。
7. 慎選戀愛模型	不要強求自己要一選到位，篩選需要時間，也需要相處。

篩選中最重要的關鍵：意願

現在你已明白篩選的兩前提、七原則，將此加入你的思考，那我相信你的篩選藍圖就非常完善，即使是感情經驗較少的人，也有明確的參考方向可供前進了。

然而有一個關鍵，是我認為特別重要，重要到我需要將其獨立，單獨為你說明的，此關鍵就是——意願。

如果你的記性欠佳，看完此章後感覺自己學前忘後，記得前提卻忘了原則，那我建議你，你乾脆就記住「意願」這兩個字就好，因為意願可以突破萬難，化不可能為可能。

什麼叫做意願？光是從字面看來，你可能只知其形，不知其義，所以讓我幫你換個詞彙，你就會瞬間明白了，意願在宗教的用語叫做「願力」。

願力代表一個人想要成就某事，所懷抱的強烈決心，比如三藏法師為了取經，他發願「寧向西天一步死，不向東土一步生」，正因這樣的願力，他實現了西天取經的壯舉，而願力跳脫宗教回歸個人，在感情中就是意願。

意願到底有多重要？這麼說吧，**若一個人不具備「想理解你、探索你，對你好奇，想更深入相處的意願」，那你們的感情是無法前進的**。你們也許會確認關係，也許會結婚，但最終等待你們的，將是肉身同居一室，靈魂卻各自分離的生活。

再說得更直白些，意願的意思是：「這個人，他有多麼強烈的意願，想要認識你、理解你，並和你好好構築一段關係。」

但在此你得小心，意願不是「口說就有」，也不是「隨口發願」就會成真，這都是對意願的誤解，所以請別以為意願很簡單，或是把苦苦追求、日夜守候、噓寒問暖錯當成意願。

你也千萬不要以為，一個想和你結婚的人，就具備足夠的意願了。你怎麼知道他結婚是為了達成人生成就？給父母一個交代？或害怕落後於親友，所以也傻傻的奔向結婚？

這些都不是意願，那只是他的一廂情願，或只想透過苦勞呈現自身偉大與癡情，因而做出的殷勤。

真正的意願應具備兩個判定標準

1. 他的動機有多純粹

如果一個人的意願是他想告訴你，他很棒，他很好，他有多優秀，那這份意願並不純粹。因為他打著「為你好」的名義，實際上他想要的只是你的關注，比起理解你，他更百倍在乎的是「你是不是理解他」。

我看過很多人談感情就是如此的，他對理解對方毫無興趣，只想貪婪的索取他人的理解。這樣的動機，我不會說是罪惡，但雜而不精，並不純粹。

純粹的動機是，我不隱藏對你的欣賞，我不遮掩自己被你所吸引，我承認自己對你感到好奇，我想理解完整的你，所以我發出邀請，邀請你和我建立信任、搭起溝通橋樑，遊覽彼此的世界。

我讓你看到完整的我，也希望你讓我看到完整的你，這過程並不永遠是快樂無憂的，也許你會看到我的脆弱，我會看到你的自私，但我們都接受看到真相的後果，並做好心理準備，尊重對方看到後的選擇。

2. 他想和你在一起的動機有多強烈

這裡你得注意，世界上絕對不會有一個人，他從認識你的第一天起，就強烈的想和你在一起。如果有，此人要嘛就是腦補過度，陷入了瘋狂的自我感動，要嘛就是神經病。

那既然如此，為什麼我還要特別提第二點？因為所有良好的關係，都必須要有這「最原始的驅動力」，那關係才得以上升。那份驅動力可以是好奇，可以是探索，可以是欣賞，可以是肯定。

這份驅動力會隨著「動機純粹」一起成長，形成生生不息的好循環。

以上所有，就是我想告訴你，關於篩選的全部了。我不會說這很簡單，老實說，這困難程度是非常高的，即使當年的我，雖已憑自己的經歷悟出此番道理，但我也不是在知道的當下，立刻就能做到的。

就比如前提一，你要擁有足夠的篩選資源，這意味著你得先建立自己的好感森林，你得讓自己的交友，常保在「吸引你的人，同時也受你吸引」的狀態，這對溝通表達的要求並不低，你沒有一定程度的聊天社交能力，是不能可能辦到的。【「好感森林」相關內容可參閱《男人的愛情研究室》一書】

對方沒意願怎麼辦

再說說意願，我猜有人會疑惑：「P大你說的意願我懂，可是若我自己有意願，對方沒有呢？要讓別人對你產生意願，是不是很困難？」

要搞懂意願怎麼來，其實你不需要問別人，問問自己，答案立刻就了然於心。

為什麼你對某些人有意願，對某些人沒意願？對某些人意願高，對某些人意願低？是因為「價值」對吧！

有些人身上，擁有讓你感興趣的價值，你的意願，是因為看到那燦爛的價值而生的，而無法讓你產生意願的人，則是因為價值不匹配，或他不具有價值，所以對你來說，他的存在形同空氣。

理解這點後，現在你對於意願怎麼創造，心裡肯定有底了，我知道很多心靈雞湯都會告訴你，你是有價值的人，如果沒人搭理你，那是別人不理解你。這種說法其實是有毒的，因為此刻的你，確實有可能是一個沒價值的人。

我可以這麼肯定的告訴你，是因為年輕時的我就是如此的，我情商低、愛商低，沒背景，沒上進心，期待他人理解，卻又不願好好表達自己，不想為人生負責，卻希望他人為我負責，這樣的我別說談感情，連交朋友都有障礙，工作上也碰了好多壁。

但和大部分人最大的不同是，我沒有否認自己沒價值，我也沒有欺騙自己說「我很棒，只是沒人看到」，我很誠實的和自己說「你糟糕透了，你必須提升，必須改變，才會有人想和你建立關係」。

你得承認這件事情，然後**根據「你想成為怎樣的人」，去做到你嚮往的自我提**

升。而當你具備足夠讓別人好奇、欣賞、肯定的價值後，那他人自會展現出想理解你的意願。

放下篩選的傲慢心

本章的最後，我想給你一個忠告，也呼應開頭我說的「為什麼我不想和你們談如何篩選」。

我不願談篩選，是因為一個人談感情的起心動念若是想「篩選對方」，在此念一起的瞬間，你的意願已經不純粹了。

你的不純粹來自於，你沒有把對方看成一個獨立的靈魂。在你眼中，他只是一個可以被你篩選的男人、女人、工程師、公務員、183、165、天秤、天蠍、某種心理測驗的其中一種人格。

而在他眼中的你，則是一個高躺於「篩選皇位」無禮俯視著他的傲慢之徒，那既然他已看到你如此「不純粹」，他又何必拿出自己的純粹來讓你「檢視」呢？

你的傲慢，已經讓你戴上一層「濾鏡」，只要你一天沒拿掉傲慢，那你永遠看不到真實的他，他的純粹再晶瑩、再光亮、再有生命力，你也終將視而不見。

所以最後，我想給你的忠告是「放下篩選」，不是要你不篩了，而是**放下那份藏在篩選背後的傲慢心**。

這一步是最困難的，但也是只要你悟通了，你會對談感情徹底大澈大悟，豁然開朗的一步。不要篩選，不等於「照單全收」，這是兩回事。

不篩選，是指你得放下你對他人的成見、偏見，用佛學的術語來說，就是無我相、無人相、無眾生相、無壽者相。要做到這一步，你得先放下傲慢，放下那顆高高在上的心。

接著，你需要正視自己的需求，你知道自己會被什麼特質所吸引，但你也不去評價和貶低不具備這些特質的人。當你達到了此番境界後你會發現，自己不再被他人的皮囊、言語和外在給迷惑，你能更輕鬆的看透他人的本質，然後帶著豐盛的心，決定是否要和他繼續發展關係。

篩選的最高境界

- ☑ 放下篩選的傲慢心，不高看自己，不貶低他人。
- ☑ 正視自己的需求，知道自己因何被吸引。
- ☑ 不被表象迷惑，帶著豐盛的心決定關係的存續。

PART 5

如何衡量你對一個人的付出

如果你正身處一段沒有安全感的關係，那你八成一定會想過「要是世界上存在一種方法，能讓我準確的衡量出對方愛不愛我，那就太好了」。

為此你開始思考，那衡量愛的計量單位應該是什麼？是禮物、卡片、心意？還是看他有沒有為了我奔波勞碌？為了這段關係奮不顧身？願不願意花錢在我身上？

每當我和學員們談論到這個話題，收到的回饋往往是「想到付出就好累，因為總要衡量付出的多寡，變得要和對方爾虞我詐」，或是「不可為對方付出太多，付出太多代表你愛對方更多，那在這段關係中就失去主控權了」。

因為多數人都抱持這種想法，所以在談到付出時，他們自然會產生防禦心態：

「我要先觀察對方付出多少，再決定我要付出多少。」

「我要確保自己不會成為付出比較多的那個人。」

我猜你可能也有類似的想法，因此在閱讀本章節前，我想分享一個新的心智設定——不要害怕付出。因為付出本就是寶貴的，也只有透過付出，關係才會產生變化。

本章我會打破男女的思維框架，也請到我的伴侶娜莎和你分享，當你想要理解一個人是否真的在乎你，你該如何制定屬於自己的衡量標準。

願意為伴侶花錢，才是好伴侶？

有次聽朋友聊天，一位男性朋友說：「我發現有江湖氣息的男生，特別願意在女生身上花錢。」

另一位女性朋友附和：「對，真的是這樣欸，我覺得這種男生比理工男大方多了，他們身上要是只有一千元，也願意把九百元花在女生身上，自己只留一百，哪像理工男斤斤計較，什麼東西都要平分。」

此朋友話還未說完，在科技業任職的黑框眼鏡男不樂意了，他說：「那是因為這些男生做事從不計較後果，他們不去想未來，不想對這段關係負責，所以賺多少就給多少，但我們認為生活是要過日子的，並不是只有浪漫就行，那當然要有比較長遠的考量，這跟願意給多少錢根本沒有關係。」

黑框男說完後，女性朋友立刻回擊了，她表示「這只是你們給自己不願付出找的藉口」，接下來大家你一言，我一句，很快吵成了一團，每個人都在爭論「怎樣的付出才是最珍貴的」，而戰場甚至一路擴展到「男生的付出和女生的付出差在哪裡」。

難得看到如此有趣的場面，當天我們只是笑而不語，靜靜聽他們提出自身的見解，回家後我問娜莎：「你覺得一個男生願意付出所有，真的比堅持各付各的男生大方嗎？」

娜莎說：「我覺得不是，身為女性，我認真覺得用金錢來衡量男生的付出，是一件很膚淺的事情。」

我回應：「此話怎說呢？」

娜莎說：「因為付錢只是一種最簡單的付出方式，不是說錢不好，但錢可以不只是錢，錢也可以只是錢。」

接著她以我們的關係為例，和我分享她如何看待付出，我很欣賞她的觀點，既能從女性的角度思考，也能同理男性的困境，並與我想傳達給你的觀念相對應。

4 只用金錢衡量付出是沒意義的

娜莎認為，如果一個人只懂得用錢來付出，那這樣的付出並不具有意義，因為錢並不能如實的反應一個人是否願意付出，是否真的愛你。

她說：「我曾有一任對象，也是非常願意在我身上花錢的，即使我並不缺錢，想要的東西都可以自己買，他仍然想盡辦法要請我吃飯、買禮物，甚至是帶我出國，這些都不是我要求他做，是他自己主動，我本以為這是他愛我的表現，直到有一次，我發現這不是愛，那只是他的自我感動而已。」

我說：「你是怎麼發現的呢？」

娜莎說：「我發現，他在社群的動態會大肆宣揚他對我多好，做了哪些事，可是在那些照片、文字的敘述當中，他才是主角，我只是他的陪襯品，用來襯托出他是一個多有男子氣概，多好的男人。」

我好奇：「你這樣說，是不是對他不太公平呢？也許他沒有想那麼多，他只是想在社群上分享喜悅，單憑這件事，你怎能確定他是不是真心的？」

娜莎說：「單憑這件事確實不行，但搭配其他事件就可以了。」

她繼續說道，在那段關係中她曾向此對象多次說過，比起精緻的禮物，她更喜歡手寫可承載真心話的卡片，可到了生日當天，卡片是有了，但裡面卻只有制式的賀詞，沒有對方的心裡話。

之後他們的相處就開始變質了，男生仍舊用「他認為好的方式來對待她」，可是這些東西並不是她要的，後來娜莎也在相處中漸漸得知，此對象是用一種非常「公平」的方式在戀愛的，不管對象是誰，他都會用同樣的規格、方法、模式，來對待他的伴侶。

娜莎說：「我知道有人會說，那就是他表達愛的方式，但我的感受是很困惑的，他表達愛的方式我接收不到，他也不願意為此改變，我不知道他到底是比較愛我，還是比較愛他自己。」

怎樣才算是好的付出

在後續的聊天中，我也得知，此對象習慣用物質來付出，是因他的家境背景十分富裕，因此金錢於他而言的意義，和一般人是大相逕庭的，所以用付出金錢的多寡，來衡量一個人是不是真的愛你，並不是絕對準確的觀點，因為你不知道對方如何看待金錢。

但錢就真的一無是處了嗎？

這樣說也太武斷了，錢雖然是只是人們用以交易的貨幣，本身不具備任何的情感，可是錢在某些時刻確實也能夠傳遞情意，比如兒女為了感念親恩，逢年過節會給予紅包，長輩給予祝福，也會用禮金來表示，所以當我們把問題只聚焦在錢，就無法客觀地看待何謂「付出」。

那怎樣叫做「好的付出」呢？

如果要為付出下一個明確的定義，我認為真正好的付出，必須要具備以下的基準，這樣的好才是健康、有彈性，且真正能適用於你的。

1. 給對方他認為珍貴的價值

有一則寓言故事是這樣說的，一位父親深夜才下班回家，發現他的孩子守在門邊等他，孩子問：「父親我可以問你一個問題嗎？」

父親：「當然可以，什麼問題？」

孩子問：「爸爸，你一小時賺多少錢？」

父親說：「這和你沒關係，為什麼你要問這個問題呢？。」

孩子問：「我只是想知道，你能告訴我嗎？」

父親說：「我的時薪大約是五百元。」

孩子再問：「那你可以借我五十元嗎？」

聽到孩子要向他借錢，父親有點生氣的回應：「我每天花這麼多時間工作，如果你和我借錢，只是要去買玩具或其他沒意義的東西，那就給我回到你的房間並好好反省自己。」

孩子安靜地回到房間並關上房門，片刻後父親覺得自己剛剛對孩子太兇了，便走到房間對孩子說：「這是你要的五十元，拿去買你喜歡的東西吧。」

孩子接過錢後非常開心，又從抽屜裡拿出了一堆零錢，父親見狀又有些生氣了，這孩子明明有錢，為何還向他要錢，他略帶情緒的問：「為什麼你已經有錢，還要向我借錢呢？」

孩子說：「因為之前我的錢不夠，現在夠了，父親，我可以向你買一小時，請你明天早點回家嗎？我想和你一起吃晚餐。」

在這則故事裡，對孩子來說，他認為最寶貴的價值是父親的陪伴，而不是金錢、新衣服，或是新玩具，他想要的是父親放下工作，認真的陪他一起度過一段時光，就算只是一起吃飯、散散步，那也是無比珍貴的價值。

因此**當你想給予價值，你得從對方的角度出發，嘗試去理解，對他而言珍貴的是什麼**。

2. 給予他人價值會失去自我

不過我知道，有人鐵定會困惑道：「P大，你說的這故事是親子關係，父母對孩子好那是合理的，但我現在面臨的是一段感情，如果我每次都給別人他覺得珍貴的價值，那我不就失去自我了嗎？」

你會有此疑惑是很棒的，代表你開始思考一個更深的問題「為什麼都是我去配合別人，而不是別人要來理解你」。

我建議你，不要把給予他人價值當成是配合，配合指的是，你單方面的委曲求全，這使得你在這段關係中感受不到自我，長久的配合下去，你甚至會成為他人的魁儡，只是單純的聽命，卻沒自己的自由意志。

但給予是完全不同的，給予一定是從你自身出發，給予是「主動創造」，是你為「給予」這件事賦予了主動性，你想要建立關係，你希望你們的關係更升級，你想讓他感受到你的真心真情，所以你打算要做些什麼，這些事都是由你主動發起的，所以根本不存在配合一說。

3. 給予的前提：你理解價值的涵義

當然，價值的意涵是很廣闊的，這需要你對價值有深刻的體會和領悟，那你在給予的時候，才真正明白你在給予什麼，不會踏入望文生義的陷阱。

以陪伴為例，一般人總會以為，陪伴就是「一起做某件事」，那就是陪伴了。

所以你會看到**很多情侶，他們在同張桌上一起吃飯，卻各滑各的手機，偶爾分享給對方他看到的新聞、短影音，一起看電影、逛街，但只專注於活動本身，而不是把注意力放在彼此身上。**

這樣的陪伴根本稱不上是陪伴，充其量只是打發時間，其實身邊的人換成誰都沒差，那這樣的關係就不會有溫度，也談不上建立感情。

陪伴是如此，任何價值也都是一樣的，對方要的傾聽，和你理解的傾聽很可能不同義，你要的支持，在你沒有表達清楚之前，對方也難以明白。

看到這裡，我也想請你問問自己，你對於自己正在給予什麼價值，你有清楚的自覺嗎？

你是否百分之百確定，這是他認為珍貴的價值？

如果你的答案是不知道、不確定，或確定程度在七成以下，那即使你用盡全力去付出，你也總會感覺力不從心，好像自己付出了許多，可是你的付出碰到了隱形障礙，無法傳遞出去。

當這狀況一旦發生，你會發現原本在你身邊的他，開始把時間花在朋友、兄弟，或同事的身上，留給你的時間則越來越少。這不是他要背叛你，也不是他刻意疏遠你，而是人本就會自然往能給予他價值的人事物靠近，此時你倆關係的分崩離析，就是必然會發生的結果。

給予價值的重點

☑ 從對方的角度出發，理解對他而言珍貴的是什麼。
☑ 別擔心會失去自我，你沒有委曲求全，而是是主動給予的人。
☑ 針對自己給予的價值，需要有清楚的自覺，不盲目給予。

讓他理解你的付出有何意義

我有位學員一休，他和伴侶已交往五年，一日他問我：「P大，我可不可以求婚的時候不用鑽戒，改用其他東西代替。」

我笑回他：「你要怎麼求婚，應該是基於你對伴侶的了解，怎麼會問我呢？」

他說：「其實我本來是想用鑽戒求婚的，可是最近一個好朋友和我說，鑽戒是商人創造的騙局，我想想覺得有道理，便不打算買鑽戒了，可是又有一個朋友說，就是因為你明知這是騙局，你還捨得為了所愛之人花錢，那才有意義啊。」

我說：「你的兩位朋友都說得很有道理，但我認為這都不是重點，重點是，你的伴侶怎麼想呢？如果他認知不到你求婚的意義，那你的鑽戒再大顆，你也是錯，反之，如果你能讓他理解這件事的意義，那你就算拿個可口可樂拉環，你也是對的，重點不是物品，而是意義。」

婚禮盛大，是因為感受不到心意

比起盛大的付出，我認為好的付出，是你有主動、積極，盡你所能的，讓伴侶理解，你付出的意義是什麼。

為什麼這件事如此重要？就以婚禮為例吧，國外曾有份研究指出，越盛大、越鋪張的結婚，會導致更高的離婚率，不僅如此，離婚的機率和鑽戒的昂貴程度也呈正相關。

很多人會說，這些離婚一定是因為結婚花太多，導致婚後生活拮据造成的，我不認同此說法，此說法只聚焦在表面的事實，無法反映核心的問題，我認為核心問題是「一段關係會破裂，是因為對方感受不到你的付出有何意義」。

因為他感受不到你的「誠意」，所以他要求「盛大的婚禮」，而你為了讓他感受到「心意」，因此你把零點五克拉的鑽戒升級成一克拉，宴席從基本款升級成豪華款。

在此請注意，我不是要批評你「加大付出力道」是不對的，願意付出是好事，代表你對這段感情是投入的，是盡力的，這是維繫感情所必須的，但在我看來，你是選擇了一個最不需要思考、最簡單，也最傻的方法在付出。

讓對方理解比傻傻付出更重要

前面我們談的是求婚，是站在男生的角度出發，而此道理無分男女，雙方立場互換也是一樣的。

想想那些備受疼愛的女生們，難道他們每位都擅長「燒菜煮飯洗衣」嗎？那燒一道菜男生感覺不到，燒十道菜是不是狀況就會改善了呢？

非也，你也知道那是傳統社會的想法，對吧？

傳統社會給男女訂立了一套標準，你應該要做什麼，才是有價值的男人（女人），這種標準忽略了人的獨立性，造就了很多不幸福的關係，但現在的我們不同了，我們都具有選擇權，選擇自己喜歡和重視的價值。

所以你也應該讓對方理解，你這麼做對他有何意義，而我認為這件事的重要性，甚至遠超過付出的本身。

這可能不會是件容易的事，因為從小很多人都會被教育「付出不能邀功」，或是「你默默的做，別人自然會看到」。

但你要知道，實情完全不是這樣的，試想看看，你和對方從小就生長在不同的家庭，很多價值觀本就是相異的，在你的世界裡稀鬆平常的付出方式，對他來說可能是聞所未聞，那你又怎麼能要求他在「你不說」的狀況，他要理解你的付出呢？

表達你付出了什麼，是關係中的要事

表達你的付出有何意義，這是一件你本就該做，在任何關係中也必須做的「要事」。

回到學員一休的提問，我和一休說，如果你能改善自己的溝通表達，讓對方深刻理解，你對他的所有付出有何意義，那求婚甚至都不需要，那只是水到渠成自然會發生的事。

也因此我給一休的第一個指引，就不是急著去做更多付出，而是請他按照課程教授的溝通模式，先修正舊習慣，讓自己能和伴侶對頻，如此就能更有效的把自己的心意、情感做到真實的傳遞。

一休照著教學練習了數月後，他向我回報：「想和P大分享我們的喜訊，我求婚成功了，不過說求婚也不太精確，我們其實在某次聊天有把話說開，他說這幾個月來我改變很多，以往他不是很理解我對他的好，只覺得那是我的一廂情願，現在他能明白我的心意，我們雙方都感覺已經準備好，就決定要結婚了。」

表達不是邀功

在一休身上發生的問題，我相信不是只有少數人這麼想，許多人心裡其實也對「說出心裡話」是極為反抗的。我想給你的建議是，你不需要抗拒表達，也不需要逃避表達，更不需要對自己的表達感到難為情，因為當你表達自己付出了什麼，這些付出對你又有何意義，你並不是在邀功，也不是往自己臉上貼金。

你在做的是「幫助對方理解你」，那對方也才會知道：

「原來他沒有準備鑽戒，是因為他希望未來我們可以常常出去旅行，共創寶貴的回憶。」

「原來他沒有預定高級餐廳，是因為他覺得親手做菜給我吃更有溫度。」

「原來他做的這些事看似稀鬆平常，但都是為了這段關係在努力。」

透過良好的表達，讓你的付出不只有你自己懂，也讓他能懂，那你的每一分付出，自能把情意傳遞進對方心裡。

幫對方理解你的付出

- ☑ 送禮的重點不在貴重，而是禮物背後乘載的心意。
- ☑ 表達付出不是為了邀功，重點是讓你的情意能被傳遞。

幫助對方理解，他想要什麼

世界上最令人遺憾的關係不是「他想要的，你給不起」，而是「他不知道自己要什麼，所以你怎麼努力給都是徒勞無功」。

聽起來很奇怪吧？真的會有人不知道自己想要什麼嗎？

我可以很肯定的說，這樣的人不僅存在，佔據比例也是最多，社會上至少有八成的人都處於這樣的狀態，只是沒有人點醒，所以身處幻境而不自知。

感受不到付出的小淳

我曾有一位學員小淳就是這樣的，我第一次見到他，是在我開設的自信力，這是一堂關於探索自我的課，而小淳參加的原因，是因為他覺得自己感受愛的能力好像卡住了。

他說：「我知道我的伴侶對我很好，也知道他很努力，可是那些好卻沒有讓我心動，甚至連感動的感覺都沒有，我對他感到很抱歉，也覺得很有罪惡感，別人明明認真地對我付出，可是我感受不出來，我想搞清楚自己的內在到底發生了什麼事情。」

聽小淳這麼說，我大概猜測到了真因，為了幫他釐清，我問：「你是感受不到伴侶的付出，還是你有時感覺得到，有時又感覺不到，你的感覺不斷的在變化和游移？」

小淳說：「經P大這麼一說，好像比較像是變化，我對自己的感受捉摸不定。」我說：「所以具體來說，可能伴侶昨天做了某件事曾讓你很開心，但過了幾天，這件事又沒那麼開心了，你的感覺是這樣嗎？」

小淳點頭稱是，我繼續說：「那你的問題，就不是感受不到了，你真正的問題是，你不知道自己在這段關係中，到底在尋求什麼。」

幫小淳理出頭緒後，接著針對他的內在進行探索，探索自我是極其複雜的，因為光是覺察內在的聲音就很不容易，而以小淳的狀況，只做到覺察還不夠，我要帶領他和內在對話，也得幫他建立分辨這些聲音真假的能力。

感受不到付出，是因為不知道自己要什麼

小淳跟著我的指引探索了數週，某天晚上他興奮地和我說，他挖掘到問題的核心了，他說：「我發現自己會感受不到伴侶的付出，是因為自己一直用男人的身份自居，可是我對什麼是男人卻一無所知，只是傻傻地聽從他人給我意見『男人會喜歡什麼，男人需要什麼』。」

我回應：「所以你感受他人付出的基準才會不斷變化，對吧？」

小淳說：「沒錯！因為我的基準都是別人賦予我的，但那些都不是我自己真正想要的價值，而我剛剛正想著，如果我可以放下男人的身份，不要被身份給束縛，做回我自己，更加地去了解自己，那我就會知道自己需要什麼。」

又過了幾天，小淳在進行內在對話時，他察覺到，原來他自己需要的價值是「在才能上能被他人理解」，而他的伴侶因為很少過問他的工作，他也鮮少向伴侶主動提及工作的問題，所以他們的關係才會越漸漸疏離。

察覺問題後，小淳對改善關係有了更明確的方向，他向伴侶表達了自己的需求，很快的他們忽冷忽熱的關係就有了起色，在伴侶的眼中，他更加理解小淳，能

用小淳理解的方式付出，在小淳的眼中，伴侶的付出也有了色彩，他可以感覺到伴侶付出的溫度。

幫助別人，等於幫助你自己

付出不被理解會怎樣？

在職場上不被理解，你立下的功勞將無人知曉，公司無從為你升職加薪；在家庭中不被理解，你對家庭的照顧將被埋沒，和家人的感情將無法建立；在朋友中不被理解，你和他人的交情將停留在點頭之交。

我相信小淳的案例不會是個案，因為「付出不被理解」的狀況實在太普遍了，你在親密關係中會碰到，在職場、家庭、朋友之間的相處也會，當你在這些關係中苦苦付出，旁人卻看不到、感受不到你的努力，那後果將不堪設想。

所以千萬不要去吝嗇「幫助別人理解你」，因為幫助他們，就等同幫助你自己。

反思自己的付出

如果你時常會煩惱，別人對你的付出是不是真心的？有沒有一種一體適用的判定標準，讓你能探知對方的心意？

思考這件事之前，我希望你先反求諸己，用本章我提到的三個標準問自己：

1. 我是否有給予對方，他認為珍貴的價值
2. 我是否有讓他理解，我的付出有何意義
3. 我是有幫助對方理解，他想要什麼

這三個標準你搞清楚了，你再來問「那從對方的角度看來，他也有為我做到這些事嗎」，你才會是理智且客觀的。

對關係進行這樣的深度思考，你才不會陷入二分法，非黑即白的判定「他有做什麼等於真心，他沒做什麼等於沒心」，你們的關係也才會從混沌轉為清晰，從人云亦云變成自主思考，從沒有共識變成攜手並進。

PART 6

長期關係的大地雷

世界上有很多老生常談，你第一次聽會覺得很有道理，作為支撐自己的信念，也常感獲益良多，但等到某一天人生發生崩壞，你會忽然驚覺，自己是被老生常談給害了。

本章節我想和你談的，就是禍害眾多伴侶關係，讓很多人感情破裂釀成分手、離婚的老生常談——忍一時風平浪靜，退一步海闊天空。或是，我們也可以用更精簡的描述稱呼它，叫做「包容」。

如果你以為包容另一半，是讓關係往更好方向前進的不二方法，那你得小心了，你抱持的想法，會讓你們本就緊張的關係變得更高壓。

害怕吵架，所以包容

學員澤予找我諮詢關係問題，他跟伴侶因為相處久了，最近矛盾開始陸續出現，越來越不能忍受對方，心裡常有憤恨不平的感受。

他說：「我覺得談感情就是要互相，兩個人不可能完全適合彼此，所以我忍你一點，你也讓我一點，可是交往越久我越發現，其實只有我在單方面這麼做。」

我說：「所以你覺得這對你很不公平嗎？」

他說：「對！這超級不公平的吧？如果我都能包容他，他為什麼不能包容我呢？都是我在包容，不就是我單方面付出而已嗎？」

接著，澤予開始談到各種「他包容對方」的狀況，比如說「避嫌」，澤予認為避嫌應該是交往中的人都需具備的基本素養，也是對伴侶的一種尊重。所以一直以來，澤予碰到異性，都會謹慎注意自己的言行，深怕一個不小心會越矩，或是擦出意外的火花。但讓澤予感到無奈的是，他的伴侶是從不避嫌的，他認為異性之間也能存在純友誼，為何需要避嫌呢？

澤予嘆氣道：「聽他這麼說，我本想說點什麼，但又覺得他說的有一番道理，所以我想，那我就試著包容他看看吧。」

我回：「那你包容的感覺好受嗎？」

澤予苦笑道：「一開始我覺得還好，但這陣子常看到他和異性朋友出去，甚至在我們約會時有人打電話給他，他也會用我們為數不多的相處時間和朋友講電話，所以我感覺自己快到極限了。」

經過一番談話，我已大概知道澤予的問題所在，我正色道：「你有沒有想過，也許你根本不需要包容？」

澤予不解問道：「這是可行的嗎？可是這樣不就會吵架？」

我回應：「吵架是不理性的溝通，但停止包容，並不代表放棄溝通啊。」

包容對關係的好處

澤予的認知，也正好是大多數「包容者」說服自己的說詞。

當你問他們為何要包容，一開始他們會說，因為包容可以停止紛爭，可以減少吵架，情侶間要互相包容，感情才走得下去。

但當你深入挖掘，你會發現，所有打著包容口號的人，他的包容，並不如他所說的那麼委屈、偉大，那只是一種貪圖方便的說法而已。

為了帶你看清包容的真相，讓我們先說說包容的好處吧。

1. 簡單、快速、有效

包容做為一種「溝通方式」，它的作用可以說是簡單又有效。

它意味著，你不用表達自己的感受，你不必陳述自己的觀點，你也不需要探究對方到底在想什麼。它省去了深入溝通需要的來來回回，還有其中要消耗的心力。

也因此當你和對方遭遇任何摩擦，遇到價值觀不同，不知道該如何擺平，這時候使用「包容」就對了。

2. 減少紛爭，緩和氣氛

原本要花上兩天，甚至可能吵上十天半個月的事情，只要「包容」一上場，那就什麼事都沒了，這是多麼美好的結果啊！

試想看看，你和伴侶原本開開心心的出遊，途中因為小事發生摩擦，這本可能壞了你們的遊興，把這趟快樂旅程變成吵架之旅。

可是當其中一方告訴自己「為了大局，我得包容」，稍做退讓，再陪個笑臉，那凍結的氣氛，就會再次回復到歡快。在緩和氣氛上，包容的效果可說無人能出其右。

為什麼人都喜歡包容

- ☑ 包容最簡單，不需要表達感受，也不需要理解對方。
- ☑ 包容可以快速緩和氣氛，停止爭吵。

包容的最終結局：斷崖式分手

既然包容的好處如此鮮明，為什麼我還要建議你，不要想包容，甚至根本都不要去觸碰包容呢？這就得說到包容的壞處了。

包容的險惡之處是，在我看過那麼多的伴侶中，只要有出現斷崖式分手（離婚）的，倆人的相處一定都蘊含了大量的包容。

看到這你肯定覺得很奇怪，包容不是好事嗎？俗語總說，忍一時風平浪靜，退一步海闊天空，包容自己在乎的人，到底哪裡有錯？

其實包容真的沒有錯，說到底包容只是一種相處的策略，有錯的是使用包容，卻把包容當成「解決爭吵萬靈丹」的人。

讓我們切換到包容者視角，當你感覺自己包容別人時，你的內心狀態是什麼？首先，你會有一點委屈，因為你收住了自己的主見，束縛了自己的感受，用半強迫的方式，讓自己和對方妥協。接著，你會感到有點驕傲，你覺得能包容別人的自己是很厲害的，你會在心裡默默給自己加油。

以上兩個狀態只要發生過一次，那麼第三個情緒就會悄悄的醞釀，這也是包容所衍生的最危險的情緒之一，我稱為「犧牲感」。

越包容，越犧牲，越偉大

什麼是犧牲感呢？當你感覺自己很痛苦，卻又從痛苦中品嚐出了快樂，這樣的感覺就是了。

犧牲感，是一種以包容為養分，從苦難的種子中孕育出的情感，而犧牲感又伴隨著偉大感。

它的形成順序是：在關係中你碰上讓你難過的事↓你本該表達感受，或和伴侶溝通↓你選擇不說，自己默默包容↓包容讓你更痛苦↓苦難越多，你感覺自己犧牲越多↓你從犧牲中感受到自身的偉大

我見過很多人，他們最後身陷偉大感無法自拔，即使伴侶提了分手，他也怎麼樣都不肯放開這段關係。但他並不是真的認同對方，也不是真的在乎這段關係，他只是想藉由犧牲，來填補自我價值的空洞而已。

這也是為何我說，包容的終點，就是斷崖式分手（離婚），因為作為被包容者，沒有人可以忍受另一半用輕蔑和悲憫的眼光看待自己。

或許有人會說，能被包容不是一件很幸福的事嗎？怎麼被包容的人就是不知足呢？但易地而處，如果你從伴侶身上收不到關心，感受不到理解，你收到的僅是「同情」與「悲憫」，你的感覺是什麼？

你鐵定覺得，這是極大的污辱對吧？

你寧願他和你大吵一架，也寧願他把心裡的不滿一吐為快，這都遠遠好過他把自己放在一個高於你的位置，然後用高高在上的角度包容你。

再說回包容者。包容者也不是這樣就沒事了，我問澤予說：「那現在對方需要你包容的事情又再次出現，你有沒有覺得，每次包容的難度都更高了呢？」

澤予說：「我每次都覺得快爆炸了，但心裡總會覺得，再撐一下，忍一下就過去了。」

我說：「如果忍不住呢？你打算怎麼做？」

澤予說：「那大概就得攤牌把話講開了，其實我之前有次就試過這樣做……結果那次整整吵了快一個禮拜，搞到最後是我先道歉，又哄了半天才和好。」

我問：「所以從那以後，你們就再也沒為同樣的事情吵過架了嗎？」

澤予嘆道：「是沒吵架，但我心裡更覺得不平了。我一方面覺得為什麼都是我在忍，另一方面我又想到，男人不就是要包容女人，這麼一想，我也只能把氣給吞了。」

包容會引發的心理反應

☑ 包容者：從痛苦中感到犧牲，再因犧牲而感到自身的偉大，進而形成痛苦的循環。

☑ 被包容者：察覺到自己被憐憫後，因不被平等的對待而產生羞辱感或憤怒。

都是「男女」惹的禍

我不知道聰明的你，看到前文澤予提到關鍵字「男人」、「女人」，再結合前述他所說的故事，你有沒有拼湊出事情的全貌了呢？

你認為，澤予是真心覺得自己有錯嗎？他的道歉是真誠的，還是為了和好而做的道歉呢？而吵架不應該是就事論事才對嗎？這和男人女人又有何干？

以下就讓我為你揭曉原因吧。總是打著包容名義去處理關係的人，他們在談感情時，內心往往是這樣思考的，這讓他們陷入了一個自己創造的思考牢籠，怎麼闖都無法闖出去。

1. 先認定對方有錯

所有的包容，都是從「你認定了對方有錯才會開始」。

你沒有避嫌？那這是你的不對了，

你說覺得被我忽略？那是你自己安全感不夠，

你需要我陪你？你怎麼都學不會獨立？

你認定對方有錯，他先愧對於你，但由於你心胸廣大，不跟他一般見識，所以你決定拿出你的雅量來包容他，此即為包容的開端。

2. 給自己貼上男女標籤

如果你問澤予，你明明認定自己是對的，對方是錯的，那為什麼你還要道歉呢？澤予十之八九會說，因為他是男人，男人得包容女人，所以他必須得道歉。

我猜有人會以為，這樣的想法挺浪漫的，男人本來就該具有廣大的心胸，用無私的愛來包容女人才對，我得告訴你，這根本和愛無關，和無私也無關，只和狹隘的思維有關。

一個堅持男人得包容女人的人，已經陷入了「男人永遠是對」、「女人永遠是錯」的邏輯裡，所以他們會說男人是能講道理的，女性是無理取鬧的。

也因為男人講道理，他得包容無理取鬧的女人，好好哄他逗他，如此才能顯現一個男人的格局，有句俗語說，好男不跟女鬥，說的也是一樣的。

但事實真的是這樣嗎？

照這種邏輯，那溝通也不需要存在了，反正事情發生的當下，你的性別已經幫你定義好，你是對是錯，該道歉還是被道歉，該包容還是被包容。

當然，我並不是要說「男人都錯，女人都對」，如果你這麼想，那只是陷入另一種「女人需要包容男人」的框架中。要達到真正良好的相處，你得把男女標籤從自己身上拔掉，才不會被「性別框架」給蒙蔽。

從澤予的敘述中，我察覺他把自己貼上了很重的男女標籤，這層標籤讓他看不清真相，也看不清自己，所以當時我很嚴肅的和他說：「你選擇包容他，是因為你認為，能包容對方的自己，才算是個男人。」

澤予詫異道：「什麼意思？」

我說：「你不是真的想包容，而是因為你想成為男人，所以你去包容。」

澤予問：「這樣的想法不好嗎？」

我：「當你這樣去思考，你就看不到關係的真相了，比如你感覺很苦，正常來說，你應該要去理解你們之間發生了什麼，並針對事情好溝通，但你的處理方式是，先把對方定罪成壞人，再把自己定位成好人，用好人的身分原諒和包容壞人，把所有的苦往肚裡吞，藉此顯現你身為男人的氣度，那你們的關係，怎麼可能會改善呢？」

3. 把包容當成爭吵的籌碼

和伴侶發生過爭執的人，應該對以下這句話感到十分熟悉：

「我都已經為你付出這麼多了，你還要我怎樣？」

如果你是被指責的一方，聽到的瞬間，應該會感到一頭霧水：

「付出？我們本來就有互相付出，非要拿這來說嘴嗎？你有付出，難道我沒有？」

你想著想著，忽然驚覺：「該不會有什麼是他一直默默付出，但我渾然不覺的東西嗎？」

沒想到就還真的有，說時遲那時快，對方掀開了他的底牌，開始一一細數那些「他包容過你的事件」。

你越聽越是氣憤、驚訝，並感到困惑，因為你從來都沒有要求他包容你，一直以來，你面對關係的態度都是坦蕩的。你覺得感受不好、不舒服，你會明說，你覺得關係需要調整，也會清楚表達自身的需求，在你看來，誠實的表達感受，是良好溝通的前提。

但你現在才知道，原來你過去的真誠，都被對方當成了無理取鬧，你以為的那些和好，都只是你的錯覺，其實和好從沒發生過。而更讓你詫異的是，對方不僅自認清高的包容你，並把這些包容視為對你的付出。

我和澤予說：「你可以換位思考看看，如果你是對方，經過這麼多年，你忽然意識到，原來自己一直是被包容的那方，你的感覺是什麼？」

澤予沉默了許久才說：「我想想……這感覺糟透了，有種被欺騙的感覺，原來我以為的感情和睦，就是一場對方營造的騙局。」

我說：「那如果對方把『曾經對你的包容當成籌碼』，要你買單呢？你會接受嗎？」

澤予說：「那是不可能的，那是對方的一廂情願，不是我主動要他包容我的，就算我想逼自己接受，也是接受不了的。」

包容者的心態

- ☑ 一開始就認定自己對、對方錯，把自己置於道德的高地。
- ☑ 給雙方貼上標籤，如男人得包容女人，創造出自己一個必須包容對方的理由。
- ☑ 一旦發生爭吵，就會把過去對伴侶的包容當成爭吵的籌碼。

包容可以掩蓋問題，但問題不會消失

現在我想你已明白，為何我說無止盡的包容，最終會帶來「斷崖式的分手」了。因為包容這種行為，本身就藏著傲慢，它是一種預先假設「你對，對方錯」的思維。

它讓你把自己的付出偉大化，把對方的感受無理化，同時包容也無法解決關係中的問題，它只是用欲蓋彌彰的方式，把問題給掩埋起來。然而埋起來的問題，不會因看不到就消失，終有一天，當包容者再也承受不了，爭吵會再次發生，那所有積累的矛盾將一次性爆發。

我看過很多情侶、夫妻，甚至是許多家庭，他們的相處模式就是如此的，每個人都對彼此有情緒，但他們寧願吞忍，也不願好好說出自己的感受。長期壓抑的結果，讓原本平和的關係，演變為互相指責：

「你怎麼那麼自私，都是我包容你。」

「你才自私吧，明明是我在包容你。」

指責帶來的後果，就是你們都被迫要面對「原來那些美好的時光都是假的，我們都只是無奈的互相容忍，其實感情都來都沒好過」。那在這巨大的打擊下，斷崖式分手就是可預期的結局了。

放下包容，從心態著手

如果你是習慣用包容代替溝通，用包容解決一切爭吵，用哄一哄來代替表達感受的人，我建議你，你首先要做的，就不是改善溝通了。

你要做的是，正視自己「為何總想迴避溝通」。

以故事中的澤予為例，一開始他以為自己只是不善溝通，所以迴避溝通，細究後才發現，原來他是被性別框架所困，自認身為男人得吃苦當吃補，所以需要容忍女人，在種種的錯誤疊加下，他放棄了溝通，讓自己陷入了深深的憂慮。

也不只是澤予，後來澤予偕同伴侶一同和我請益，在深入和他們對談後，我發現伴侶的問題同樣嚴重，因為她也覺得身為女性的自己在包容澤予，她身上也積累了龐大的壓力。

我一步步引導他們深入解開心結，逐一把包容的慣性放下，他們原本緊繃的關係，在兩週內就改善了非常多，又再經過數週練習，如今的他們已經能做到誠實友善的表達感受，不再惡性吞忍，也不再因犧牲帶來的不公平感而大吵，關係昇華到了更高的層次。

你和某人的關係，也正面臨絕望的斷崖嗎？

請不要灰心，懸崖是可以勒馬的，下次有機會，試試看停止包容吧，也許你們會發生爭吵，也許會有衝突，但相信我，這才是改善關係的正道。

PART 7

什麼是信任？如何達到無條件的信任？

如果你問人們，關係中最重要的是什麼？無論男女，人們幾乎都會異口同聲的和你說，信任。

少數比較浪漫的人，甚至可能會為信任再賦予條件，比如「無條件的信任」就是其中一種。

可是很奇妙的是，儘管信任如此重要，但多數人談到和伴侶的信任深度時，他們不會說「我不夠相信伴侶」，他們反而會說「是伴侶沒辦法讓他們信任」。

而當關係中的一方主張「我們的關係會碰上瓶頸，是因為你不夠信任我」，另一方則主張，是你要來贏得我的信任，怎麼會是我要主動信任你呢。

雙方推來推去的結果，就使得信任的本質不再單純了，信任成了推卸責任的說詞，不再是用來自省的明鏡。

那信任到底是什麼？我們如何知道對方是否值得信任？無條件的信任真的存在嗎？本章我會徹底為你剖析，信任在關係中扮演的角色，帶你領略信任的真義。

信任是「按照對方所想的去做」嗎？

有次我在餐廳聽到一對情侶吵架，其中一方說：「我這麼信任你，你怎麼可以背叛我？」

說話的人來勢洶洶，盛怒的表情和顫抖的聲調，彷若是一觸即發的火山。

照理說，正常人被這麼質疑應該會很生氣，然而讓人詫異的是，被質疑的一方卻完全沒被帶動情緒，反而悠悠的說：「我從來沒有要求你信任我，況且我只是沒避嫌，這哪裡叫做背叛？」

此話一出，先發話的人不禁一愣，隨即為了找回氣勢，又回覆到：「所以你意思是，我的信任對你來說一文不值？」

接話的人皺了皺眉繼續說：「如果你的信任只是『你要我做什麼，我就完全聽你的話照做』，這又算什麼信任？」

後來兩人吵開了，越吵越大聲，一位憤而離席，一位則衝出去繼續理論。

上述的吵架對一般人來說，聽起來只是很普通的爭吵，但其實他們的對話中，充分展現了普通人對信任的誤解。

正因誤解甚深，所以很多情侶平時不談信任還能相安無事，但一談到我信任你幾分，你信任我幾分，或談到誰比較信任誰的時候，架就吵不完了。

接著我會逐一分析，關係中存在哪些對信任的誤解，你是如何被其所折磨。

你讓我期待落空，所以你背叛了我

學員小河有次和伴侶爭吵不休，他知道我素來客觀公正，於是想請我評評理，看看這件事到底誰對誰錯。

當天我請他們倆人一同前來，小河先發言，接著再換伴侶回應。

小河說：「前幾天我生日，我本來一直相信他會給我驚喜的，而在生日之前的好幾個月，我也把我想要的禮物都傳給他了，但沒想到他竟然完全沒準備，當天只是草草帶我吃個飯，和他朋友一起吃個蛋糕吹蠟燭，就這樣過完了。」

我說：「你是對他的生日安排不滿意嗎？你覺得他錯在哪裡？」

小河繼續說：「我覺得我這麼相信他，最後他卻給我一個這樣的生日，我對他感到很失望。」

由於小河用到「相信」這個詞，我感到事有蹊蹺，便問他：「可是選擇相信他的人是你，那讓你感到失望的人，應該是你自己才對，怎麼你會說是對他失望呢？」

小河想了想：「因為我覺得他背叛了我的信任，他不該這麼做。」

我見小河不明白我意思，便換了一個說法：「那什麼叫做背叛？你的意思是，你對他有期待，他沒能實現這份期待，所以他背叛了你嗎？」

小河點頭，我接著說：「所以你真正想表達的是，他讓你的期待落空了，這種感覺讓你很失望，對吧？」

小河說是，至此我總算是釐清了事情的來龍去脈，原來小河的情緒，是來自於他有某份期待，但伴侶卻讓他的期待落空了。

我對你盡力了，怎麼就被曲解成背叛

小河說完，接下來換他的伴侶阿月說了，從阿月的視角，他給了我一套完全不同的說詞。

阿月：「我覺得自己非常冤枉，我自認是一個認真談感情的人，所以對於小河的生日，也是很早就開始準備。那天晚上的餐廳，是我好幾個月前就先訂起來的，後來一起慶祝的朋友，也是因為小河喜歡熱鬧，我特別找他們來幫他慶生的。」

我說：「那為什麼你沒有給小河他要的驚喜呢？」

阿月說：「這就是我覺得冤枉的地方了，我根本不知道小河有暗示我，幾個月前，他是真的有把禮物傳到手機給我沒錯，可是我們每天聊天內容那麼多，我怎麼會知道，他傳的哪一個是他想要的。」

我問阿月：「那對於這件事，你的感覺是什麼呢？」

阿月說：「就有點無力吧，我覺得自己很盡力了，沒想到還是被小河說，我讓他的期待落空。」

當期待無法被滿足，結局只有分手

看到這裡，我不知道你有沒有察覺，小河和阿月的故事，如果照他們目前的思維走下，這次的矛盾，注定是不會有結果的。

小河為了不讓期待落空，他只能要求阿月盡力滿足期待，或是降低自己的期待，但不論走的是哪一條路，都會帶來不小的副作用。

降低自身期待，意味著小河得壓抑自己對美好事物的期待，雖然說有句話說「不期不待，不受傷害」，但誰會想要談一段沒有期待，沒有未來的感情呢？

要求阿月滿足期待也是，阿月才一次沒有滿足，就萌生強烈的無力感了，那要是往後的日子裡，阿月仍無法滿足小河的期待，阿月必然會陷入更深的無力感，最後無力感會將他摧毀，他會因為自認配不起對方而分手。

我知道他們的關係已走入死局，為了幫他們跳脫，我決定先幫他們建立正確觀念，先清晰地去理解，期待是什麼，信任又是什麼。

期待落空是一種現象

所謂的期待，指的是你希望某件事，能按照你預想的方式發生（實現），期待是無處不在的，不說別人，就連你自己，對生活也是有期待的。

你到山上旅行，期待早上可以看壯麗的日出；你工作忙了一個禮拜，期待週末可以好好休息，這些都是期待的一種。

但期待也並不總是會實現的，比如看日出的那天，早上從山莊甦醒的你發現陰雨綿綿，視線是一片朦朧，什麼都看不清；你預期好的休假日，可能也因為同事請假，你被迫要臨時替他代班而告吹。

小河說：「那照P大的意思是，我得接受，期待並不總是會發生嗎？」

我說：「你接受不了的事情，就算強迫自己接受，你也是接受不了的。」

小河說：「那我應該怎麼辦？」

我說：「你只需要『知道』就好，不必勉強自己接受。」

總是強調自己要「接受不如期待的事」，本質上是苛刻自己的行為，同時也是一種隱性的傲慢。

為什麼我會這麼說？想像一下，如果你期待明天的太陽是「西昇東落」，可是一早起床，當你看到太陽是「東昇西落」，你會怎麼為這份落空的期待下註解？

你會說，既然太陽是東昇西落，好吧，那我選擇接受。可是這件事，真的是你能接受的嗎？

仔細想想你就會明白，太陽東昇西落是一種「現象」，既然是現象，就只有「存在與不存在」，「發生或未發生」，但絕對談不上接受。

我和小河說：「所以你得認知到，你的期待落空是一種現象。」

若他背叛你，代表你也背叛了他

小河想了想又問我：「可是天氣和太陽的昇起，都不是我可以掌控的，那我自然不會失落，可是對於我能掌控的期待，要是沒有如我預期的發生，我還是會失落，那我又該怎麼辦？」

我說：「你說得很好，確實有些事情是你完全不能施加影響的，有些你可以，所以針對你能影響的事情，你就得盡力去讓它實現。」

小河再回應：「那這樣事情好像又回到原點了，我覺得我已經很努力讓阿月知道，我期待的是什麼了，可是事情仍然偏離了我的預期……」

我說：「如果你是這麼想的，那針對這件事，你就不該怪罪阿月。」

小河：「為什麼？」

我說：「因為施加那份期待的人是你，你沒有提出要求請阿月達成，你也沒有簽訂契約規定阿月必須達成，所以期待是你創造的，那為落空負上全責，就是你必須承擔的，況且從另一個角度看，你也背叛了阿月的期待。」

小河說：「真的嗎？生日的人是我，我怎麼會背叛他的期待呢？」

我正色：「因為阿月也期待，你會喜歡他為你精心準備的生日安排，可是你沒有如他所預期的開心，那你算不算是背叛了他的期待呢？」

小河聽我分析完後頓時語塞，阿月也陷入了沉默，倆人一塊沉思了許久。

期待（信任）落空的真相

良久後，我見他們消化得差不多了，便率先開口，點破他們之間的問題。

我認為他們相處的大問題是，雙方都對彼此有期待，小河期待自己會收到設想好的驚喜，阿月期待，小河會喜歡收到眾人的祝福，然而這兩份期待，在生日的晚上卻同時落空了。

他們所犯的錯誤，就是我想和你談的，一般人對信任最大的誤解了——人們總會把事情的不如意，解釋成對方背叛了自己的信任，落空了自己的期待。

可是當你深究這份信任，你會發現，信任背後潛藏的禍首是「你希望這個世界百分之百照著你的想法運行，如果世界不配合，那起碼伴侶要配合」。

而所有的禍端、爭吵和誤會，就從這裡開展了。

你相信，他會為了你辭去工作，搬去北部和你一起生活；

他沒有，你說這是背叛信任。

你相信，他提出結婚的想法後，會積極開始安排婚禮；

他沒有，你也覺得這是背叛信任。

但你有沒有想過，其實是你單方面的，逕自把「背叛信任」的罪名壓在他身上，他是何其無辜。你可以說他感知力差，感覺不到你的期盼，你也可以說他很遲鈍，無法體察你的心意，但你要說他背叛信任，這罪名可就太重了。

他只是剛好、恰好，沒有讓圍繞他產生，那些與你有關的事情，完全符合你的期待而已，這就是事情的真相。

小河聽完後略帶哀怨的說：「我明白你說的了，可是不去期待，生活好像就沒有希望了。」

已知的期待 vs. 未知的期待

我和小河說：**「你可以期待，但你得知道，是你自己創造了期待，那你自然也要去實現期待，那才是期待存在的意義，如果你總是把期待的『實現權』交給環境、交給老天爺、交給他人，那你等同就把希望的實現權交到他人手中，如此一來你只能被動等待好事發生，而不是主動去創造好事了。」**【主動創造是關係的三本柱之一，其重要性與信任相當，少了主動的關係是無法維繫的，詳細可參考 Part 1】

小河說：「如果我還是期待有驚喜呢？總不能我期待驚喜，我還要先跟阿月說，這樣就不算驚喜了。」

我說：「那我會說，你的期待本身就是矛盾的。試想看看，你期待驚喜，那請問你所謂的驚喜是『已知』還是『未知』？」

小河不解：「已知未知，什麼意思？」

我說：「已知的意思是，你知道自己要什麼，你期待阿月猜中，這叫已知；未知則是指，你不知道自己要什麼，但你仍然期待阿月猜中。如果你要的驚喜是未知的，那阿月怎麼可能達成？你自己都不知道自己要什麼，你還期待阿月猜中，你這不是在為難他，也為難你自己嗎？」

小河說：「如果是已知呢？」

我說：「那你就更矛盾了，你已知你要什麼，這就不是驚喜，而你要做的，就是想辦法讓阿月知道你的需求。」

小河說：「可是這樣阿月不就什麼都不用做，只要等我開口，那他跟機器有什麼區別？」

聽小河這麼說，我知道該是阿月好好表現的時候了，便轉頭笑問：「阿月，你覺得自己跟機器有什麼區別？」

阿月說：「當然不同！我是滿懷著情感和真心去做的，但機器只是聽命行事而已。」

我再補充道：「另一個不同的地方是，阿月具備了『強烈想要理解你』的意願，這是機器或是其他人所沒有的。所以小河你越積極表達你的需求，阿月就會越理解你，就算這次他不明白，你的積極也不是無用的，每一次你去表達、去溝通，那阿月的所作所為，就會更接近你的期待。」

我把最後一段話說完，小河和阿月相視點頭，我又請他們複述了一次，確定他們真的聽明白，才放心讓他們離去。接下來的數週，我請他們一步步把彼此的期待釐清，並按照教學，在相處中去實踐信任。

由於他們倆都已具備了改變的意願，他們也相信，**信任是由自己創造，並非是對方的責任**，所以原本卡在關係中的心結，很快就被解開了。

小河在回訊中很興奮的告訴我：「本來我總是會怪罪阿月，覺得是他不夠懂我，所以才常讓我失望，可是在被P大一番話點醒後我忽然發現，我其實是對過去的自己失望，然後把氣出在阿月身上。現在我們說好要一起建立信任，不怪罪對方，也不怪罪自己，也許我們對彼此的判斷還是會失準，但失準只是互相理解的過程，重點是我能感覺到他的真心真意，那就夠了。」

關於信任的真相

☑ 如果你對他人的期待落空，代表你對他也欠缺理解。

☑ 當你認為某人違背你的期待，其實你同時也違背了他對你的期待。

☑ 你想要信任某人，源頭是因為「你想」，所以你才是必須承擔結果不如預期的人。

用「我判斷」取代「我期待」

現在我想你也聽懂，信任被濫用，會造成什麼後果了。信任，是你拿來檢視自己的一種思考角度，是你用以評估自己理解對方的深度，但絕對不是拿來究責對方用的訴狀。

所以要修正自己對信任的認知，我想給你的建議是，以後在描述你對未來的想像時，你不應該再說「我相信」或是「我期待」，請把用詞換成「我希望」和「我判斷」。

一樣用生日收禮來舉例，你若對自己說「我相信，這次他會送親手做的戒指給我」，當事情不如你預期，那你必然只能怪罪對方。

若你說「我期待，他會送戒指給我」，狀況也沒好上太多，只要你沒收到戒指，你就會批判自己，認為自己應該收斂期待。

可是當你把描述的方式改成「我判斷」、「我希望」，因為觀點改變了，所以你內在的感覺就會截然不同。

你判斷，這次生日他會送你親手做的戒指，這是你基於「自己對他的理解」，最終推理出的結果。

所以當你的判斷失準，你要問責的人，其實是你自己，這代表你對他的了解不夠，因此他的行動才會常常偏離你的預期。這時候你要做的很簡單，就是去加深理解，修正你的判斷。

你希望，這次生日他會送你親手做的戒指，你知道希望只存在於你腦海，因此當你沒為這份希望做任何努力，甚至都沒有嘗試告訴他，你也不會懊惱希望沒發生，你知道發生是你幸運，未發生才是常態。

打造健康的信任

- ☑ 與其和自己說我期待，不如和自己說「我判斷」。
- ☑ 判斷失準代表理解不夠，那就是加深理解的好機會。
- ☑ 與其和自己說我相信，不如和自己說「我希望」。
- ☑ 你希望，代表你允許事情可以不如預期，如此你就不會產生懊惱。

信任是對自我的理解

以上你釐清了「信任的誤解」後，我們可以進入正題了。

我認為信任的本質是「對自己的理解」，以及「對他人的理解」，兩者只要缺了其一，那都不足以構成「完整的信任」。

先說對自己的理解，你是否同意，身為一個自己思想和意志的主宰，有些時候，你並不完全理解自己？

舉個最簡單的例子，每年的年初，你都會給自己設定目標吧，比如減肥、健身、閱讀、自我提升等等，你預設自己今年只要好好努力，甚至不需要努力，只要把時間好好分配，就能順利完成。

可是每當時間來到年底，你會赫然驚覺，一年過去了，所有目標的完成度還不及三分之一，肚子沒瘦下來不說，指定要看的書，買了也沒看完，自我提升也遠不如預期。

很多人在此時就會陷入自我懷疑，那種感覺就好像自己背叛了自己，有對自我許下承諾的人，懷疑的力道更會加劇成自我批判，這是讓人十分不好受的。

背叛了他人，還可以找理由歸因是外部問題，找理由搪塞過去，可是一旦你背叛自己，你會清楚知道，目標沒有完成的全責都在你，你責無旁貸。

能舉一反三的朋友看到這，肯定會說：「P大我明白了，所以要跳脫這種批判，就千萬不能說，我相信自己能完成目標，我們應該要說，我判斷自己能完成目標，所以目標沒完成，不需要自批，那不過就是對自我的判斷失準了。」

賓果！我太欣賞你這優秀的推理能力了，而這也就是我想告訴你的重點——**如果你想讓他人信任你，你必須先「完整的了解自己」**。

人不自知，就無法實現自我承諾

對自身理解不完整的人，在做出任何決定時，往往都是由混亂的情緒所驅動，但他並不明白，他能否實現對自己的「承諾」。

我曾有位學員樂樂就是這樣。樂樂是別人眼中俗稱的戀愛腦，他的個性也十分天真浪漫，只要是伴侶提出的暗示、要求，他都會想盡辦法完成，可是這樣的他，最近卻開始害怕談感情。

他說：「我前幾段感情，最後被分手的理由都是一樣的，對方覺得被我欺騙，氣得跟我分手。」

我說：「那分手的理由是什麼呢？」

樂樂說：「可能是承諾吧，有時候我會答應對方一些事情，當下我也是真心想做，我也盡力去完成，但礙於種種原因，承諾總無法兌現，幾次以後，感情就出現裂痕，這時候我再說什麼都沒有用了。」

我問：「那你怎麼看待，無法兌現承諾的自己呢？你認為這算是背叛嗎？」

樂樂說：「這就是我想請你幫我釐清的盲點了，我一方面覺得，自己真的盡力了，況且我當下承諾對方的時候，我是完全發自真心的，可是另一方面我又感覺自己好像真的做錯了。這兩種想法我不知道怎麼調適，連帶也讓我害怕，我如果再次進入關係，會不會又傷到別人。」

我回應：「要釐清這件事，你得就對自己有完整的理解，傷害才不會再發生。」

完整的理解自我

自知不足的人常會很直覺的認為，從自己口中說出的話，只要當下是真心的，那就必然會實現。

但他沒想到的是，他的真心並不完整，裡面可能蘊含著：

- 一時的熱血上湧
- 空泛的精神喊話
- 欠缺對自我的評估

所以這類人在朋友、同事的風評中往往是最差的，大家會覺得，他老是喜歡開空頭支票、愛說大話、亂給承諾。

可是從他們自身角度來看，他會覺得自己何其無辜，因為在感性上，他真的覺得自己能實現承諾，樂樂即是其中最典型的一類。

但自知完整的人就不同了，一個言出必行、說到就能做到的人，不見得是因為他的能力超群、才能出眾，說到做到的關鍵是「理解自我」。

這裡我想出個考題給你，那你覺得，人要怎麼樣才能理解自我？是要經過社會的歷練，還有各式困境的洗禮？還是需要具備深度自覺，剖析內在的情感？

我的答案是，都是，只有揉合「外境歷練」還有「內在探索」的人，他對自我的理解才會是完整的。

用內外兼修，實現深度自知

想像你正在準備英文考試，在沒有寫題目，沒有老師給予回饋，也沒有和他人用英語聊天的狀況下，你能清楚知道自己的程度嗎？恐怕是不行的對吧，要知曉程度，你得參加檢定、讓專業人士給予評測，被外境所歷練、反覆打磨後，你的自知才會變得清晰。

外境的自知是如此，另一種自知則是對「內在情感」的自知。你知道怎麼做，能夠提升學英文的樂趣嗎？那採用怎樣的學習法，可能會讓你痛苦，想要放棄學習？當你對自身的情感一無所知，你很容易就會把自己置於「輕易放棄」的境地，反之，如果你知道如何調伏情緒，你就可以激發自己的學習熱忱，讓情緒為你所用。

只有外境的自我理解，因為缺乏對情感的考量，所以即便客觀上知道自己能實現承諾，承諾依然無法兌現，因為人是由情感所驅動的生物，心情出了問題，表現就會大打折扣。

只有對內在的理解，那同樣是不切實際的，在情感上你認為能實現的目標，若沒有客觀外境當作參照，那也只是虛無飄渺的熱血，熱血可以帶來初始動力，可是當你遭遇層層阻礙，熱血也會迅速冷卻，動力消失。

所以你得明白，如果自我理解是「內外兼修」才能達到的結果，那自我理解就不會是一朝一夕的事，用外境歷練自己需要時間，往內在深入探索也需要潛修。

也因此我給樂樂的解決方針是，在兩個月內，只要他給自己設定了目標，或他想對自己有承諾，那他就得按照我幫他打造的系統，記錄外境給他的反饋，以及內在探索的軌跡。

第一週開始，樂樂就陷入了自我懷疑，他說：「我發現要理解自己，原來是這麼赤裸的一件事，以前我覺得，只要我想，那我就辦得到，可是當我照P大的方法，把自己真實的攤在陽光下，我才感覺自己是多不可靠的一個人。」

我說：「你不是不可靠，而是你對自我的理解不夠完整，所以你判斷不出來，現階段的你，到底能實現什麼，又可以承諾什麼，但只要你持續練習，狀況很快就會得到改善的。」

樂樂經我一番鼓勵，繼續堅持到了第五週，這一次他的感覺就大大不同了，他說：「這種感覺好奇怪，以前我很容易高估自己，那時候的我覺得自己無所不能，可是感覺很不踏實，現在我清楚知道自己不是萬能的，反而覺得很安心。」

我說：「非常好，這代表你的人開始內外合一，堅持下去，你會更有收穫。」

兩個月的期限很快就到了，樂樂在歷經一番徹底淬鍊後，這次他平靜的和我分享：「我好像獲得了一個意外的收穫，兩個月前的我因為不自知，明明能力不到位，但碰上我不理解的事情，我也往往誤以為自己懂了，所以根本沒有想要學習和提升自己。但現在我清楚知道自己會什麼、不會什麼、能做什麼、不能做什麼以後，我更知道自己缺了什麼，連帶也清楚了未來自我提升的方向。」

我說：「如此寶貴的收穫，確實是自知會帶來的價值之一，那關於談感情呢？現在你還有恐懼嗎？」

樂樂說：「用P大的話來說，我不會說自己不恐懼了，但我比過往人生的任何一刻，更知道自己的恐懼何在，也知道如何對治恐懼，所以我也覺得，如果緣分到了，我可以帶著安穩的心，談一段我嚮往的愛情。」

信任需要對他人的理解

對自我的深度理解，是實現信任的第一步，第二步則是「對他人的理解」。

這道理你第一次聽聞，肯定覺得艱澀難懂，自知還勉強能明白，人不自知，就容易做出輕率的承諾，破壞他人對自己的理解，可是對他人的理解，又跟信任有何關係呢？

請換個方向想，我相信聰明如你很快就能搞懂了，讓我先為你點出關鍵處——你若不理解他人，你對他人的期待就會持續落空，你們的信任也會土崩瓦解。

舉個日常的例子，你有到超商消費過的經驗吧？你去超商購買商品時，會不會想要殺價，或是對價格懷疑，因而產生擔憂？

大概不會吧，超商的標價多少就是多少，有折扣的商品，店員一掃條碼就會自動抵扣，商品價格穩定，不會隨意浮動，幾乎不會發生上一個顧客買便宜，結果你買貴的狀況。

你對超商的理解是如此完整，所以你在超商購物，只有想買或不想買，但你不會擔憂被坑被騙。

但與其相反的，今天若你是在觀光區和攤販購物，情況可就完全不同了，一樣的土特產，五間攤販就有不同的價格、規格，還有計價方式。

第一間攤販說他們最新鮮，第二間攤販說他們的最甜，第三間說他們賣得最便宜，在資訊模糊的狀況下，你的心飄盪不定，難以做出決策。

即使最後你歷經天人交戰，又經過一番殺價周旋，牙一咬做出決定後，你仍會自我懷疑，自己真的有買到划算嗎？會不會這次又被當成冤大頭痛宰了？

盲目的信任：縱身一躍

簡單的購物是如此，那把情境換回到交朋友、談感情，你對他人的理解，也是同樣的道理。

有一種天生浪漫的人，他們因為對信任有誤解，所以往往會把信任曲解成一種需要「縱身一躍的情感」。

什麼是縱身一躍？就如字面上的意思，其實，你還沒有相信他的理由，但因為你情感上想要相信他，所以你決定相信。

那這像不像是一個閉上眼睛走路的人，他明明不知道前方是平地、水池，還是懸崖，可是他偏不想步步為營，而是選擇了賭博式的縱身一躍，往前方跳下去？

那你說，縱身一躍的人，到底是會得到真摯的感情，爭吵不休的關係，還是墜入騙子編織的謊言呢？

很遺憾的，我必須告訴你，要嘛是爭吵不休，要嘛被狠狠的欺騙和傷害，但絕對不可能是真摯的感情。

聽起來很違反直覺對吧？我猜有樂觀的人可能會說，即使是縱身一躍，也不能排除碰到好伴侶的可能啊？

我想請你換位思考，往深一點想，如果你剛認識一個新對象，你們交往不到一個月，他就表現出對你全然的信任。

他說：「我相信你會愛我一輩子，我相信你會用一生來疼愛我，我相信你永遠不會離開我。」

你聽完的感受是什麼？肯定毛骨悚然吧，你心裡鐵定想：「我都還不確定自己會愛你一輩子，你就這麼篤定我會這樣做，那到底是你太看得起我？還是你把自己的期待強加在我身上了？」

如果你的感受是如此，那你也就明瞭，為何我敢斷言，縱身一躍的信任，不可能帶來高度信任了，信任無法速成，它需要相處和時間，也需要你們共同生活和經歷。

信任的組成

對自我的理解	以深度的內在探索，清楚自身感受，調伏內在情緒。
	用豐富的外在歷練，從反饋中知曉自身的能力與價值。
他人的理解	理解他人才不會讓自己的期待落空，破壞關係。
	不再盲目的縱身一躍，不強加自己的期待在他人身上。

2 信任是一種雙向建構的關係

既然信任無法靠縱身一躍實現，也不可能速成，那我們就能知道，**信任的本質是一種「雙向建構的關係」，你信任我多少分，我也會信任你多少分，你們的分數必然一致**，並不存在你信任我八十分，我信任你十分的狀態。

信任的開始通常是這樣的：

1. 假設信任的總分是一百，你透過和他相處，自認理解了五分的他。
2. 當你把你理解的這五分傳達給對方，對方會確認你是否「真的理解」。
3. 若你傳過去的那五分，判斷偏離了事實，甚至充滿了你「強加的期待」，那對方就會感到「被誤解」。
4. 這時如果他有意願「幫助你理解他」，那你們會進入「信任校正」的過程，他會告訴你，你所理解的他，哪部分是對的，哪部分是錯的。
5. 若你傳過去的那五分，和他「對自己的理解」完全相符，那麼對方將會感到「深刻的被理解」，你們之間就建構了五分的信任。

也因為信任的建構，和時間、相處的深度，有如此密切的關聯性，你和對方相處的時間越多、越長、越認真，你對於他的「判斷」就會越準確。

你知道，今天他晚到家，鐵定是因為加班，現在人正塞在車陣裡；

你知道，晚餐時他略顯沉默，不是因為不在乎你，而是他還抽離不了工作上的難題；

你知道，他有可能會忘記你生日，但他絕對不會忘記買宵夜買你愛吃的。

也不僅是你知道他，他也知道你。

他知道，你不是想把家事丟給他做，你只是習慣把家事積起來一次做完；

他知道，你約他吃冰淇淋，他固然可以拒絕，但他明白你更享受一起享用的快樂，所以他答應；

他知道，你在公司需要和異性同事合作，你會主動避嫌，保持距離，他不需要擔心。

你們對於彼此的這些知道，不是憑空而生，也不是因猜測而生，更不是因為「我想相信你，所以縱身一躍」這樣荒謬的理由而生。

這些「海量的知道」，是經過你們認真相處，提出你的疑問，耐心為對方說明他的不解，在點滴的生活中沉澱積累而成的。

最終，無數的「你知道我」，「我知道你」，將會聚集成一份「龐大的信任」，反過來加固和穩定你們的關係。

雙向信任的建構

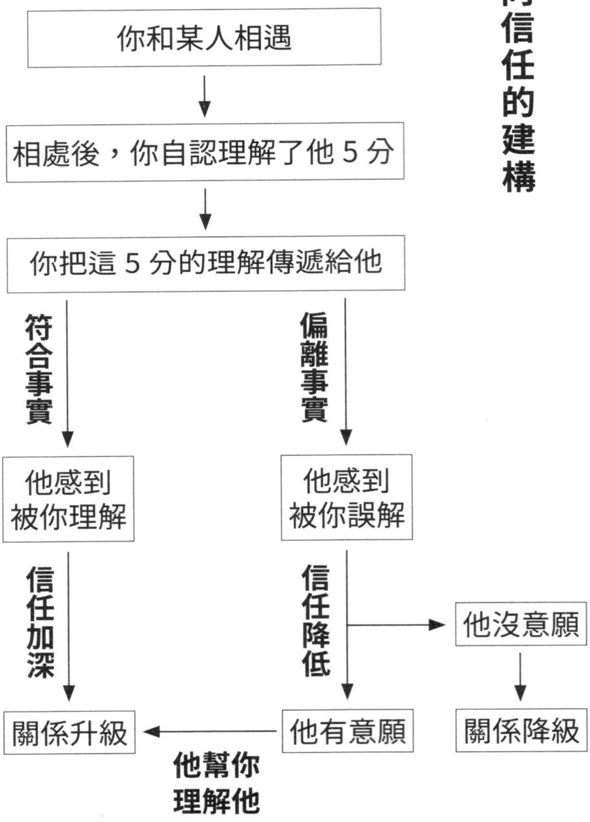
你和某人相遇
相處後，你自認理解了他 5 分
你把這 5 分的理解傳遞給他
符合事實
偏離事實
他感到被你理解
他感到被你誤解
信任加深
信任降低
他沒意願
關係升級
他有意願
關係降級
他幫你理解他

如何建構無條件的信任

再說回到本章開頭的大哉問，無條件的信任要如何建立，讓我先給你一個方向──無條件的信任不存在，但透過高維度的相處，我們可以無限的接近。

為什麼無條件的信任不存在呢？

正如前文所說，所有信任都是基於「我理解你」而產生的，你不可能不理解對方，卻宣稱你信任他，那這不叫信任，這只是縱身一躍。

那既然信任是基於理解，要達到無條件的信任，理論上你也已經知道，需要俱足哪些因緣，才可攀上這至高無上的聖殿了。

沒錯！你只要百分之百的理解對方，他也百分之百的理解你，在這一瞬間，無條件的信任就誕生了。你說這很簡單嗎？從上面的陳述來看，確實是簡單極了，不就是我懂你，你懂我？你說這很難嗎？難，非常難，難如上青天。

你知道信任和時間相關，和相處的深度相關，那合理推論，這一生最理解你的人，就是你自己，但你會說自己百分之百的理解自己嗎？

你不會，你還是會對自己失望，而很多時候你做出的失序、反常、荒誕的行為，甚至連你自己都找不到原由，換句話說，你對自己的預判是失準的。

也不單說你自己，除了你以外，另一個最理解你的人，就是養育你的父母親了吧，他們百分之百的理解你嗎？你肯定有許多秘密，是不願和他們分享的吧？那實情如此，伴侶間還談什麼無條件的信任呢？

我對無條件的信任是這麼想的：你不應該把它當成目標，它若被設定成目標，那等待你的，就是永遠達不成目標的痛苦。

然而它成不了目標，也不代表它不具有價值了，因為它可以是「關係的指引」。

「指引」意味著，當你在關係中迷失了方向，只要凝視著它，它就能為你指出

明路，所以你可以把無條件的信任，當成高掛在夜空的北極星。

北極星永遠指向北方，迷途的人依著它找到方向，無條件的信任，也是你用以衡量關係維度的指標。

那用這樣的視角看待無條件信任，是不是比起，動不動就要「決定相信別人，盲目的縱身一躍」，或是「強加期待給別人，再說別人背叛自己」，你的內心更會豁達和舒坦許多呢？

用信任構築高維關係

信任很複雜，但它非常值得你去探尋，因為要構築高維關係，信任是你不可或缺的鑰匙。讓我為你重新整理，要打造一份完整的信任，你需要具備的條件吧。

1. 對自我的理解

一個沒有自知，不認識自己的人，是不可能和他人建立關係的。

你需要對自己的情感、想法、能力、價值觀有深刻的理解，才可能和別人實現良好的合作關係。合作可以是答應別人的請求，也可以是給予他人的承諾，這都需要自知才能辦到。

從角色堆疊的角度來看，自知也一樣重要，你必須對自我足夠了解，你才知道自己是否有能力，在他人的生命中扮演怎樣的角色。

自知，是建構關係的起點。

2. 對他人的理解

你無法「決定」，你要相信某人，這件事由不得你決定，因為你的決定再堅定、再強大，也都改變不了你不理解對方的事實。

你理解不了對方，那對方就會總是「超出你的預判」，並用「脫離你預測的現實」，反過來擊碎你的決定。

所以你要做的是去理解，理解他的思想、情感、價值觀，就像你去理解自己一樣，你希望這段關係有多美好，你的理解就要有多深。

3. 建造傳遞理解的橋梁

第三點，也是最關鍵的一點，我稱之為「建造理解的橋樑」。

我特別把這點放在最後說，是因為它的難度，絲毫不亞於對自己的理解，還有對他人的理解。

我知道你現在吸收的知識量太過龐大，以致於快要超負荷了，請放心，我會用非常簡單的方式，清楚的為你說明。

邏輯是這樣的：

一段高度信任的關係，必然始於「雙方都具備高度的自知」，你有自知，我也有自知，所以我們在相處的過程中，不會信口開河的給承諾，不會發下無法實現的誓言，當關係從這裡開展，就不會有人覺得自己被騙。

接著你們會根據這份自知，妥善的去表達你自己，如果你表達的內容，和你實際上表現出的行動一致，也和你心中所想的一致，那對方就可以從你的言談中，認識真實且完整的你。

如果對方也能做到，那恭喜你，你們之間的信任，就可以無限接近「無條件的信任」！

到這裡的內容，應該都還你理解的範圍內吧？但有一個關鍵，是我尚未聚焦提及的，那關鍵叫做「表達」。

首先你要明白的是，你理解自己，不等於你會表達自己，這是兩回事。

舉個最簡單的例子，你理解自己「很在乎伴侶」，那你在言談中，總是能完整的傳達給伴侶這份在乎嗎？

或者是你理解「自己很討厭專注時被打擾」，那你向他人說明時，能夠做到「不帶批判和指責」，讓對方知道並重視這件事嗎？

再更具體的說，你自認是一個溫暖開朗的人，你有確實在聊天中傳達這份印象，還是在別人眼中，你一點都不溫暖，反而是很冷漠和封閉？

善於反思的朋友可能會立刻問：「這會不會是對方的理解能力有問題，所以才導致我們被誤解了？」

是，你是可以這樣看待問題，但你也要知道，他人理解力的高低，那是他人的課題，不是我們能控制的。

我們能控制的，始終只有自己的表達，所以要建構「理解的橋樑」，你要關注的，就是你有沒有把自己那一半的橋樑蓋好、蓋完整，讓它可以和對方的橋樑接軌，你們才能順暢無礙的溝通。

可遺憾的是，常人往往以為表達很容易，不過就是傳達資訊，這有什麼難的？我認為會這樣想的人，本身對表達的認知，還停留在很粗淺的層次，因為傳遞資訊，只是最基本的表達。

好的表達，要能夠傳遞你的情感，比如拜訪客戶你會傳達「真誠」，給下屬提振士氣你要傳達「信心」，和伴侶談心你要傳達「同理」。

你是富有生命力的靈魂，你的內在世界，充滿了各形各色的濃烈情感，你不只是一堆無意義資訊的集合體。

然而這樣獨特的你，在你能把情感傳達給對方之前，你在對方眼裡是不存在的，他讀不出你的熱情，也發現不了你的灑脫，更體察不出你的善良。

當狀況如此，那問題就來了，因為你在對方的眼裡，存在感是如此稀薄，無法讓他有觸動，那你們的關係根本就不會開始，信任自然也無法被建立了。

「建造傳遞理解的橋梁」是如此重要，所以我把此點放在最後一個條件，建造你的橋樑，確保它可以完整傳遞你的人格、情感、思想、價值，再讓它和對方的橋梁接軌，使理解與信任的能量，就可以順暢無礙的流通，你們的關係，就會越發趨近「無條件的信任」了。【關於理解的橋樑如何建構，請參考 Part 3 為什麼剛在一起總無話不談，交往久了卻無話可說】

創造屬於你的信任關係

一個人如果總把信任當成究責他人的工具，那他要和別人建立信任關係，就會是非常困難的，因為自始自終他都搞錯了信任的真義。

信任不是我期待，期待是你單方面的意志，擅自施加於他人，只會給你帶來落空；信任也不是我相信，相信是一種不理智的決定，你的決定有多堅決，也改變不了你不理解對方的事實；信任是我知道，你知道所以你理解，你理解所以你判斷，當兩人對彼此的判斷都合情合理，那信任自會被建建立。

要實現無上的信任，你需要：

1. 理解自己，理解他人，讓彼此的心從分離逐漸趨於同步。
2. 同時以「無條件的信任」為指引。
3. 再佐以「理解的橋梁」讓情感能被順利傳遞。

三者兼具，信任自生，經過本章的說明，我判斷此刻的你，已經具備了足夠的信任資本。接下來，我想該是你上場的時候了，請帶著對信任的理解，主動創造你嚮往的高維關係吧。

如何達到無條件的信任

☑ 無條件的信任不應當成關係的目標，而應視為關係的指引。
☑ 如果你不善表達自身情感，那伴侶就無從認識真正的你。
☑ 當雙方都能完善的表達自我，建構的信任就更加完整。

PART 8

個性不合是要磨合？還是換一個更適合的？

發現自己和伴侶個性不合，到底是要選擇磨合，還是換下一個？那下一個真的會更好嗎？會不會換到最後問題仍在，根本改變不了什麼？

感情這件事很奇妙，年輕時人們會自認有大把時間，對適合與否不是那麼看重，相處不來那換一個就是。

可是當年歲漸長，更換伴侶不再是相處問題的唯一解，尤其談過多次戀愛的人更會知道，有些關係中的紛爭，不是換個人就能解決的。

本章我會為你拆解，所謂三觀不合，指的到底是什麼？磨合究竟是好事，還是暗示你們最好分手？以及你又該用什麼角度去衡量「適合度」，才會為你帶來真正的幸福。

結婚前的緊急剎車

小清是一位被悔婚的人，因為對關係充滿了迷茫，他找到我，希望我能幫他釐清，他該如何衡量這段看似破碎，又好像有一線生機的關係。

小清說：「我們交往的這五六年，感情都還不錯，和雙方家人相處也算融洽，所以我完全不能明白，他悔婚的理由竟然是，不確定我們真的適合。」

我問：「你們現在還在一起嗎？感情如何？」

小清說：「我們還在一起，雖然我們有把不結婚的狀況告訴家人了，家人也都不能理解，催我們不想結婚就快點分一分，但我們沒有分開。」

我說：「一般如果和家人的關係都鬧僵了，換下一個人，對你對他都是最容易的決定，怎麼你們還在一起呢？」

小清說：「如果非要說，那就是我堅持吧，我和他說，假如你能給我一個理由說服我，證明我們真的不適合，那我們就分手，但他給的理由總是模稜兩可，我也聽不懂他想說什麼。」

我說：「所以你決定自己親自來找出原因？」

小清說：「可以這樣說。我不是一定要和他在一起，分手我是可以接受的，但我不想不明不白的分手，所以想請你幫我釐清，我們之間出了什麼問題。」

小清說完他的狀況，我請他再繼續說說他對關係的看法，他認為談感情怎麼一回事，而其中小清轉述的一個寓言故事，引起了我的注意。

尋找愛情就像撿石頭

小清說，他曾聽過一個寓言故事，描述何謂愛情的真諦，故事是這樣的：

有一天，一位徒弟問師父說：「師父，愛情是什麼？」

於是師父就請徒弟去海邊，撿一顆他認為最漂亮的石頭回來，但師父為了考驗徒弟，也給他立了兩個規定。

規定一，他只能往前，不能回頭走重複的路。規定二，他可以更換石頭，但被換掉的石頭必須扔掉，不能再次撿起。徒弟聽完師父的指示，就依約到了海邊，找尋那顆他心中最漂亮，他最滿意的石頭。

傍晚時分，徒弟回到師父面前，師父問徒弟：「怎麼樣？找到最漂亮的石頭了嗎？」

徒弟看了看手中的石頭，有點懊惱的說：「沒有，我沒有找到。」

師父問：「是你曾經找到，你又把它扔了，還是沒有任何一顆石頭是漂亮的，所以你從未把它撿起？」

徒弟答：「我剛到海邊，就看到了一顆藍色的石頭，它在太陽的照射下，像寶石一樣閃閃發光，我立刻就把它撿起來了，可是我再走了一段路，又看到一顆彩色的石頭，它的紋理好似一幅美麗的山水畫，我又換成了它。」

師父說：「那它們現在去哪了呢？」

徒弟嘆道：「都被我扔掉了，因為我每次這麼想，都覺得下一顆會更漂亮，所以我不斷更換手中的石頭，最後才換到手上這一顆。」

師父說：「那你不滿意手上的石頭嗎？」

徒弟說：「還算喜歡，可是和前面扔掉的石頭相比，它不是最漂亮的，而且我總覺得，還存在更漂亮的石頭，只是我還沒撿到。」

師父說：「這就是愛情，你永遠不會知道，誰才是你的最愛，誰又是最適合你的人。」

我問小清，他怎麼看待這則故事，小清說：「我覺得很有道理，所以珍惜眼前的人，才是最好的選擇。可是我的伴侶不這麼認為，他聽完後反駁我『照你這樣說，我不就該跟初戀繼續在一起，他才是我第一顆撿起的石頭』，我覺得他這麼說好像也很有道理，被他說得啞口無言，自己陷入了矛盾。」

我說：「那我也說說我的看法吧，我認為這個故事是有盲點的，誰說石頭永遠是一樣的？」

小清聽了大驚：「P大你的意思是，我應該同時擁有多個伴侶，這樣問題就解決了嗎？」

我笑回：「當然不是，我的意思是，這則故事假設了你是撿石頭的人，石頭則是你的伴侶，但人不是石頭，人會變，石頭也會變。」

小清說：「所以世界上不存在永遠適合的關係？」

我說：「是，這是我等一下要告訴你的，不過在那之前，你得先明白另一件事——到底什麼叫做適合，我們要先把定義搞懂，那再談論關係才是有意義的。」

用外表來衡量適合度

我和小清分享了另一個故事，此故事來自香港的經典賀歲片《家有囍事》，為避免沒看過的朋友不明白，容我稍微交代一下劇情。

家有囍事的其中一段，描述的是一位事業有成的男人，他因嫌棄自己的糟糠之妻，偷偷包養了小三，每天早出晚歸，在外流連忘返。

某天男人的妻子赫然發現丈夫外遇，於是一氣之下搬出去，小三則順理成章的搬進男人家，欲取而代之，成為家中的女主人。

但讓人意想不到的是，小三搬進男人家後，因為要照料男人父母，以及一家大小的生活起居，逐漸變成了黃臉婆。

反倒原本是黃臉婆的妻子，離家後為了自立更生，到卡啦OK陪客人唱歌喝酒，變得會打扮，也開始注重自己的儀容和談吐。

最後的劇情是，黃臉婆的小三不擅持家，加上被男方家人諸多嫌棄，一氣之下離開了男人，男人想起妻子的好，回心轉意求妻子回來，結局圓滿收場。

我問小清：「你覺得這部片的一開始，男人和女人（妻子）適合嗎？」

小清說：「不適合，男人根本看不到女人的好，他們不適合在一起。」

我再問小清：「那到了結局，男人和女人就適合了嗎？」

小清說：「肯定比一開始適合，男人終於看到女人的優點，知道她才是真愛。」

我說：「那如果我說，男人想復合，是因為他想起從前女人的好，你覺得這合理嗎？」

小清說：「應該算合理，他經歷過小三才知道女人有多好，這讓他認清女人才是真正愛他的。」

我說：「這恰好就是這部電影所缺少的，其實男人沒看到女人『從前』的好，只看到她『嶄新』的好。」

接著我向小清分析，如果女人沒有「剛好變漂亮」，氣質也沒有變得「落落大方」，更沒有「剛好被男人遇到」，那男人會回心轉意嗎？

事實上用回心轉意來形容男人，描述也是不精確的，男人根本沒有「回心」，他只是愛上了女人「全新的容貌」，可若女人仍維持過往黃臉婆的形象，那他連看都不會多看一眼。

因此從男人的視角來看，伴侶得不得家人歡心，會不會持家，不在他衡量適合的範圍內，只有「漂亮」的伴侶才適合他，漂亮就決定了女人適和他與否。

這一秒適合，下一秒未必

在此也請你注意，我猜有些朋友可能會想「原來外表這麼管用，我也去提升外在好了」，這是電影男主角對適合的認知沒錯，但不是我想表達的重點。

我想表達的是，「適合」是一個時刻在變的概念，只要人衡量事物的價值產生變動，原本適合的東西，也會瞬間變得不適合，反之，不適合的東西，也許明天就適合了。

先不談伴侶，就說大家都有的經驗「旅行」吧。

想想年輕時，你對於旅行的概念是怎樣的？是不是行程內容總包含了狂歡與刺激，若和朋友一起出去，更會有酒精和瘋狂的大冒險？

但長大後的你，對旅行的想法是不是開始改變了？你不再喜歡五光十色的派對了，也反感走馬看花、千篇一律的購物行程，這些行程非但無法讓你享受，還會使你覺得煩躁。

取而代之的，是你喜歡上了深度旅遊，你開始能用新生兒般的視角，探索這片讓你感到陌生，卻充滿了好奇、無邊無際的世界，比起在美景前拍照留念，你更注重當下的深度體驗。

旅行是如此，換做其他情境也是一樣的，原本適合你，讓你能沉浸其中好好享受的事物，明天未必可以，因為你不斷地在改變，所以於你而言，適合的定義也持續在變化。

再說回《家有囍事》，在這部電影中誰變了？

小三改變了，原本她只是小三，但為了讓自己更適合男人，她主動到男人家伺候一家老小，但在不受待見的狀況下，最後她選擇了出走。

女人也變了，她改變了談吐、氣質，還有當初被男人嫌棄的外表，變得漂亮而自信，但她的改變是為了更適合男人嗎？電影未有明說。

那男人變了嗎？這就是此部電影最耐人尋味的地方了，我認為男人一點都沒變，自始自終，他都是用外貌來衡量伴侶的價值，漂亮的伴侶就適合他，不漂亮的則否。

所以影片最後皆大歡喜的結局，其實是令人擔憂的，女人是回歸到男人的身旁沒錯，她也變得更適合男人了，但男人卻沒有變得更適合女人。

選擇成為適合彼此的模樣

小清聽完我的解析後，反思道：「P大你的分析好有道理，那個男人確實沒變，他只是願意道歉和挽回，可是他衡量適合的觀點仍然是一樣的。」

我和小清說：「是，所以師父和徒弟說，你永遠不會知道，誰是最適合你的人，這句話是有問題的。」

小清說：「是因為人會改變嗎？」

我說：「是，再更精確的說，**你可以知道『剎那的最適合』，就像小學時的你最喜歡玩雲霄飛車，在那一剎那，遊樂園確實最適合你，但你會永遠忠於遊樂園嗎？鐵定不會，所以世界不存在『永恆的最適合』，沒有誰永遠適合誰，王子和公主不會永遠幸福。**」

小清慨然：「那我明白了，我知道你說的都是實情，可是知道後，我感覺自己對愛情更沒信心了，如果永恆的適合不存在，那我都不知道自己在努力什麼。」

我笑回：「你若如此理解，那就誤會我的意思了。**永恆確實不存在，但不存在指的是，你確實不會一輩子都愛去遊樂園，可是如果你會成長，遊樂園也會成長呢？那你們是不是可以選擇，成長為適合彼此的模樣？**」

小清驚訝道：「對欸，這也是一條路，我怎麼沒想過還可以這樣。」但轉念一想，他又回復到一開始的頹然：「可是，過去幾個月我也試過了，感情卻沒有起色。」

我說：「有沒有一種可能是，你只知道你們不適合，你想變得更適合，你的伴侶和你想的也一樣，但你們口中的『適合』，壓根不是同一件事？」

為了確實協助小清釐清現狀，我請他先不急著解決問題，積累已久的問題，本就不是三兩下能處理的，那自然不必急於一時，先詢問伴侶的想法，表達理解的意願，至少讓對方感覺到「你很在乎他，對於這對關係，你沒有等閒視之」，再來想辦法。

【關於如何表達理解的意願，請看 Part 3為什麼剛在一起總無話不談，交往

世上不存在永遠適合彼此的人

☑ 你適合他，不代表他就適合你，適合可能是單方面的。

☑ 人會成長，也會改變，過去適合你的人，現在未必，現在適合你的人，未來能否適合也難說。

☑ 就算你們現在不適合，也可以選擇成為適合彼此的模樣，意願才是重點。

感情的大殺手：除了柴米油鹽醬醋茶，還有嗎？

七天後，小清帶著伴侶的反饋回來了，這次他的面色依然沉重，但和先前不同的是，他的語氣更柔和了些，他說：「我這次回去好好和他聊了好幾天，一開始他還有點抗拒，但我用了P大你教的方法，多次表達我的意願以後，他也表達了他的感受，他跟我說『我擔心的是，我們現在的生活就這樣了，那未來的生活，會不會只剩下柴米油鹽醬醋茶，如果未來是這樣，他寧願不要有未來』。」

我問：「那你怎麼說呢？」

小清說：「我反問他，可是生活不就是這樣？只要是夫妻，哪一對不是柴米油鹽醬醋茶，這不是生活的常態嗎？為什麼要為此困擾？」

我說：「那他怎麼說呢？」

小清說：「他說他也講不清楚，但就是這種對未來的無望感，讓他很害怕。」

我說：「聽起來他想強調的事情，你並沒有完全捕捉到。」

小清說：「嗯？是我的理解有錯嗎？」

我說：「不是錯，是你的理解不夠完整，他說你們的生活現在就這樣，代表有某種持續的情緒，已經困擾他一段時間了，你們現在是同居狀態嗎？這樣生活多久了？」

小清說：「同居大概有三年了。」

我說：「那就對了，我想他的擔憂，是從你們同居的經驗所種下的，他擔憂目前的狀況持續惡化，那到了未來，他將無法承受，與其到時候難堪的離婚，不如現在先緩一緩，把狀況搞清楚再說。」

由於小清對關係的細節仍在狀況外，我又再提了幾個問題，並請他詳細交代，這幾年同居後他們之間的生活方式有何變化。

隨著我越深入，他倆關係的變化，慢慢浮出水面了，有許多明明重要，但小清忽略的細節，充分反應了他們關係的現況。

比如剛剛提到的旅行，他們旅行的次數，從剛在一起的每月兩次，變為現在的兩個月一次，因為同居有了自己的廚房，所以在家吃飯的次數漸增，在外用餐的次數漸少。

我問小清他怎麼看待這些細節，小清說：「P大你的意思是，要維持感情，還是得要旅行，或是上餐廳的次數要增加嗎？」

我說：「不，那不是重點，重點是，你怎麼看待這些細節的變化？」

小清不假思索地說：「我覺得，這是為了要順利結婚，必然要經歷的過程吧，旅行和吃餐廳都很花錢，如果能省下來，那就越早可以實現結婚的夢想。」

小清此話一脫口，我就知道問題肯定出在這了，我也完全確認，他和伴侶的問題出在「角色錯位」。

不適合的原因：角色錯位

為了讓你快速明白什麼是「角色錯位」，它對情侶之間「適合與否」又有何影響，從這裡開始，我會一口氣把「判斷適合與否」的觀念為你釐清，再用小清的故事輔助你理解它。

小清和伴侶的問題是，他眼中的柴米油鹽醬醋茶，和伴侶眼中的版本，其定義是完全不一樣的，可是很遺憾他們倆人對此並無認知，所以感情一直在原地打轉。

從小清的視角看來，他認為只要能減少旅行和吃餐廳的次數，那結婚基金就有著落了，雖然旅行和吃飯的單次花費不高，但加總起來就很可觀，要是能減少這些開銷，他就可以更快實現結婚。

但從伴侶的視角看來，小清自開始減少花費以來，帶來的結果不僅僅是存到錢，某些重要的情感元素也隨之消失了，因此他才會擔憂，他倆的未來，是不是只剩下柴米油鹽醬醋茶了。

我知道有人會質疑：「小清的伴侶也太不懂事了吧？為什麼他一定要旅行？在

家不好嗎?為什麼非要吃餐廳?自己做飯也很棒啊?」

會這樣想的人，你的想法和小清的思考就是很類似的，你們的觀點並沒有錯，但和伴侶的看法存在差異。

小清認為旅行和吃餐廳是「有很不錯，沒有生活也過得去」，伴侶認為這些是「生活本質的一部分」，當缺少了它們，那生活的本質就改變了。

等等，我要請你先別急著幫小清打抱不平，開始用好逸惡勞，或是只想花錢，不顧慮大局的評語來批判他的伴侶，在這裡就直接下判斷，是無法釐清真相的。

我所看到的真相是，這不是旅行的問題，也不是吃餐廳的問題，這些都只是浮在水面上的表因，真因是，小清在相處中，原本構築起高維關係的某個角色「缺失」了。

這個角色是伴侶極其重視的，過去此角色在關係中發光發熱，讓他們的感情歷久彌新，少了此角色的存在，小清就不再是原本的小清，這才導致了這一連串的磨合。

你要不要猜猜，在伴侶眼中小清丟失的角色是什麼?

要理解伴侶的情緒，我們可以先從他在乎的事物著手，以旅行來說，對某些人而言，也許旅行的目的，真的是為了培養國際視野，增廣見聞。再說上餐廳，某些人到餐廳消費，真的就是為了大啖高檔料理，享受精緻的桌邊服務。

但是對小清的伴侶而言，旅行之所需要存在，是因為它可以合理製造浪漫情境，在情境中他和小清可以用「情人」的角色相處。

吃餐廳的目的也一樣，餐廳典雅的裝潢，優美的燈光，還有現場出雙入對的情侶，無處不在暗示在場的人們，你們不只是來吃飯，而是來約會的，餐廳提供了氣氛的營造，讓他和小清可以跟隨著氣氛傳遞情意。

小清和伴侶因上述的認知落差，讓他們的相處變得疏離，這即是我所說的「角色錯位」了，這也是許多情侶的關係在交往多年後，會逐步走入平淡、平凡，再變得單調、最後枯燥的真相了。

角色錯位引發的「適合認知差」

角色錯位，對一段關係的殺傷力可以有多大？

想像一下你和伴侶一起租房，因為籌備要結婚，所以你們縮衣節食，旅行不去了，餐廳也不上了。伴侶覺得這都是小事，對你們的感情不會有影響，你們情比金堅，這份感情絕對經得起考驗。對於這些你也都能接受，因為你知道努力會有回報，再撐一下，結婚的目標就近在眼前了。

某天晚上你親自下廚，精心準備了餐點，想要營造在家吃，也和在外面吃一樣浪漫的氛圍時，伴侶卻不是這麼想的，他認為這只是一頓稍貴但仍普通的晚餐，他仍舊滑著手機，仍舊心不在焉。

那一刻，伴侶把自己視為「情人」，也把你視為「情人」，但你卻把自己當成「同居者」，把伴侶當成「室友、飯友」，這時候錯位就發生了，你們眼中的彼此，都不在對方心裡預設的位置上。

那他的感受會如何呢？有點錯愕對吧？他肯定沒有想到，當旅行消失、上餐廳消失，當初在你身上那份閃閃發光，由內而外散發的魅力，竟然也隨著生活的變動一起消失了。

很多人把這些變動，稱之為柴米油鹽醬醋茶，有更多過來人，更把其視為「婚後不可避免的日常」，但「角色錯位」，真的能用一句日常就打發了嗎？

第一年過去，你們不再是「情人」，第二年過去，你們把「好友」的角色都丟失了，那你們又要如何，對往後的日子抱有樂觀的希望呢？

這就是小清的適合，和伴侶定義的適合，兩者所存在的認知落差。

小清的適合是，只要結婚基金持續增加，每天更趨近結婚的目標，日子也還過得下去，那他倆就是適合的，伴侶的適合則是，兩人相處要有情人的角色，生活才有浪漫與情趣，這才是能否結婚的前提。

角色錯位是怎麼發生的

☑ 因為你們對生活的想像不再同步了，所以他認為重要的事你感知不到，反之亦然。

☑ 比如你重視生活的穩定，他重視生活的情趣，當重視的東西不同，認知就會出現分歧。

角色無法輕易扮演，你還得真心享受

小清被我點出角色錯位的問題後，他說：「原來是這樣，那是不是只要我回復成情人，那關係就會改善了？」

我說：「你說的解決方案是可行的，但你有沒有想過，如果你真的認為情人的角色很重要，你不會丟失它，這不是你想回去扮演就能演得來的角色。除非你真心享受自己身為情人，感情危機才會真的被解決。」

小清困惑道：「我不太明白，我並不排斥當情人，以前我也當得不錯啊？」

我說：「不排斥和享受是有差異的，以前也不等於現在，你必須深刻體悟到，為什麼你現在得是一個好情人，事情才有轉機。」

小清：「我想為了他成為更好的情人，這樣可以嗎？」

我說：「恐怕是不夠的，你只是為了他，那很快你就會感到疲乏，你得要為了你自己，那才會有源源不絕的動力，屆時你甚至不需要刻意扮演情人，角色的魅力，也會自然回到你身上。」

我猜你看到這，沒意外是越看越糊塗了，怎麼角色錯位的成因，竟然如此複雜？扮演好角色還不夠？還得要真心而且享受？這也太強人所難了吧？

以下讓我用一個簡單的比喻，為你說明「真心享受」有多重要吧。

有次我收到一位讀者問：「我該如何加速確認關係，是要想辦法先牽手，製造肢體觸碰，還是透過接吻來確認呢？」

收到問題的當下我很不解，確認關係，不應該是自然而然的結果嗎？當兩個人相處的默契足夠，彼此都希望能常看到對方，有更多的時間相處，共識達成後，確認關係自會水到渠成。

牽手也是一樣，在此引述我上一本著作的內容：

「你絕不是因為決定了要『牽手』而去牽手的，牽手，是你們並行時手碰在一起太多次了，於是很自然的握在一塊，是氣氛和形勢告訴你該牽手；

靠肩，也不是為了『靠肩』，那是兩人並坐時望向滿天星斗，感覺契合之下自然的觸碰；

擁抱，也不是為了『擁抱』，而是慰藉別離時的依依不捨；

接吻，亦不是為了『接吻』，是燈光美氣氛佳之下，你和他只有咫尺之遙，幾乎可以聽到對方的呼吸聲，你們情不自禁的越靠越近，最後雙唇就碰在了一起。」

不論是牽手、靠肩、接吻，或是確認關係，這些都是現象，所有現象的出現，都是由人與人的情感所推動。

這份情感是真實的，在當下兩人是真心享受的，但如果有人錯把這些現象視為手段，那狀況就會完全不同了。

本來牽手是自然形成的現象，可是現在某一方想要刻意為之，所以他開始想著，我是要過馬路牽，還是出電梯的時候牽？我要牽多久，是牽了就要放開？還是可以牽著直到對方把手抽走？

一旦開始思考這些東西，那這個人就無法真心享受牽手了，他感受不到對方手心的溫度，感受不到手掌傳來的脈搏，更重要的是，他感受不到自己的心。所以在他眼中，牽手只是用以達成確認關係的工具，他無法專注在當下，享受當下。

確認關係是如此，關係中的角色扮演亦同，**你若只是為了配合對方，逼迫自己去當一個情人，卻無法真心享受，那你的角色將無法呈現真實和豐富的情感，對方的感受大打折扣不說，你自身必然也會被疲憊壓垮，無法承受。**

反思自我，找回丟失的角色

想要徹底解決角色錯位的問題，最好的思考方法是——你沒有覺得自己在扮演什麼。這樣的思考，是很多人所欠缺，也是大部分人在長期關係中，越談越痛苦的原因。

你想呈現情人的角色，是因為你喜歡身為情人的自己，你喜歡製造浪漫，是你本就喜歡日常充滿情趣。

換句話說，情人就是你內在的部分特質，他是你性格中不可或缺的支柱，你沒有在扮演誰，沒有模仿誰，你只是在傳達自我。

所以思考的順序，就**絕對不是**：我的伴侶認為情人很重要↓為了伴侶，我得說服自己去扮演情人。

正確的順序是：情人是我性格中的重要角色↓我喜歡身處情人角色的自己↓我該怎麼做，才能充分表達這樣的自己。

在我解說完角色的重要性後，小清總算是完全明瞭，他的感情狀況怎麼解，不過他仍有一個深埋心中的疑惑：「如果我最後發現，自己真的不覺得情人很重要，我的人生不需要情人這個角色，我也沒有扮演的意願，那該怎麼辦？」

我說：「假設你說的為真，那你應該把你的想法，確實傳達給伴侶，但他是不是認同，聽到後產生怎樣的感受，那就是他的課題，不是你能干涉的了，你有做自己的權利，對方也有權利做出無愧於己的決定。不過在那之前，我希望你先好好沉澱，探索內在，看看那身為情人的自我是否存在。」

由於探索需要時間，我請小清在接下來的兩週照著我的指示重新內省，我也一步步引導他讓自我更完整的浮現。

八天後小清就帶了好消息給我，他說：「我本來以為自己已經丟失了情人的角色，但遵從你的指示一步步深入自我後，我找到了情人，不過當下我既開心，也很難過。」

我說：「你的內在發生了什麼呢？」

小清說：「我驚覺到，我為了要盡快實現結婚目標，所以把身為情人的自己給囚禁了，因為只要他一出場，一佔據主導權，就會提出要旅行，提出想上餐廳，或任何大量消耗資源的想法，因此我不得不把他給銬起來。」

我說：「但你也知道，製造浪漫，不一定要透過昂貴的旅行、高檔的餐廳來實現對吧？」

小清說：「我以前不知道，但那天被你點破後我知道了，所以前幾天我感到心中的鬱結完全解開，我和內在的情人和解了。昨天我也試著用不花費金錢的方式製造浪漫，給了伴侶一個驚喜，我們一起笑得很開心，我也才意識到，我們真的好久沒有這樣笑過了。」

我說：「那現在的你，還想繼續結婚的計畫嗎？」

小清說：「我還是希望可以結婚，不過這次我給自己多設定了一個前提——我和伴侶得要先達成「角色正位」，讓彼此在幸福中步入結婚，而不是為了趕快結婚，失去了談感情的初衷，這樣也才有結婚的意義。」

我常聽人們抱怨說，長期關係很難，你無法預料原本春風和煦的感情，什麼時候會變成暴雨狂風。但我認為，長期關係也沒有那麼難，因為所有的風暴開始前都有預兆，世上沒有莫名的變天，只有不善辨識天氣和盲目而不自知的人。

小清所遭遇的危難，是很典型的因角色錯位，所引發的連串後果，只要調適好角色的位置，讓你的角色，能和對方的角色相互對應，那感情就可以協調自適，從不合轉為適合。

如何找回內在缺失的角色

☑ 告訴自己，你沒有在扮演誰，沒有在模仿誰，你只是在傳達自我而已。

☑ 你需要真心投入，勉強扮演自己不喜愛的角色，只會讓自己更加痛苦。

☑ 你得重新認識自我，找出自己卡住的心智設定，角色才能重現。

想建立篩選標準，先檢視磨合史

回到本章開頭的題目，我想理解角色錯位後，應該為你解答了諸多長期關係的困惑了，不過我知道富有研究精神的人，肯定還是覺得，P大我知道怎麼解決感情的分歧了，可是好像還有很重要的東西遺漏了。

比如說，有沒有一種辦法，可以讓我們在撿石頭（篩選伴侶）的時候，一次就撿到角色正位的伴侶，如此一來，不就可以做到預防勝於治療，一步到位，省下磨合的苦難嗎？

是的，你說得一點都沒錯，客觀來說，想要一步到位，確實沒有比篩選更好的策略了。

但篩選伴侶這件事並不容易，它沒有簡單到像是買水果，你有一套既定的判斷標準，知道哪個甜、哪個不甜，哪顆蘋果新鮮、哪顆放太久，它也不是會看條件就好，看條件的篩選就像只看包裝做選擇，適合的機率和拆盲盒差不多。

那我們該如何建立一套完善、正確，符合自我篩選標準呢？我認為最好的方式，是了解檢視自己過去感情的磨合史，所有關於篩選的秘密，都藏在磨合這個外表長滿硬刺，實則滿載珍寶的藏寶箱中了。

磨合到底是在磨什麼

要通曉磨合的底層邏輯，我們得先認清一件事——磨合，到底是在磨什麼？以下讓我先用工作為例為你說明，避免因為談到感情問題，在對號入座後，你開始被激烈的情緒所驅動而讓主題失焦。

你是否遇過，在工作中需要磨合的時候？肯定有對吧？你和客戶需要磨合，你們得對價格有一致的認定，生意才能成交；你和同事需要磨合，你們對專案的認知要相符，案件才能被推動。

但有一種磨合，是你怎麼樣都磨不來的，那叫做「信條」或是「核心信念」，比如說Google這間公司，他曾經最為人稱道的信條是Don’t be evil（不作惡）。

信條本身是一種約束，也是明確的指示，當公司內有人面臨猶豫不決的狀況，他能以信條為指引，選擇該採取怎樣的決策。

也因此若有一個公司成員，他秉持的信條是Greed is good（貪婪是好事），那他的行事風格將會跟公司信條相牴觸，牴觸的後果，就會讓他和公司上上下下都產生嚴重的衝突。

再說回關係中的磨合，**伴侶間的磨合共有兩種，第一種是「方向上的磨合」，第二種是針對「細節上的磨合」，方向是細節的因，細節是方向的果。**

方向的重要性遠大於細節，所謂相愛容易相處難，很多時候是因為兩人的磨合總聚焦在細節，但雙方都不知道，方向不一致，彼此內在堅信的信條不同，那怎麼磨都磨不出好結果。

磨合能談的範圍很廣，主題繁多，本書篇幅有限不及一一探索，因此我會舉幾個最具代表性的，供你反思和加深領悟。

1. 生育的想法

某次有朋友問我：「我確定自己想生小孩，那是不是找一個也想生小孩的人，我們在這件事上就達成了共識？」

我說：「這是遠遠不夠的，你們得確定你們生小孩的目的是什麼。」

美國的名畫家摩西說過：「孕育小生命的過程，會感覺到生命的奇蹟，會獲得前所未有的力量，當一雙小手緊抓著你時，完全的被依賴與信任會讓你感受到自我的強大，實現自我蛻變式的成長。」

胡適也曾說：「我養育你，並非恩情，只是血緣使然的生物本能；所以，我既然無恩於你，你便無需報答我。反而，我要感謝你，因為有你的參與，我的生命才更完整。」

如果朋友想生小孩的目的，和摩西與胡適相似，但他的伴侶卻信奉養兒防老，那就不能說他們對生育有共識。

不要小看這份差異，我曾聽倡導養兒防老的長輩說：「遺產絕對不能先給過戶給孩子，你得確保大部分財產都在自己手中，一點一點地給，他們才會照顧你、敬愛你，你也才可以帶著尊嚴死去。」

朋友想找的對象，若思維和此位長輩一樣，那他們在教養小孩一事上，必然會有無休止的爭吵，認為孩子是用來防老的一方，會盡可能避免耗費資源在孩子身上，認為孩子是用來疼愛的一方，會把最好的都給予孩子。

此差異造成的結果，是他們會對孩子的教養、為人處世，乃至於要不要讀私校，該不該讓他買玩具，都產生完全迥異的決策。

那不管他們在細節上如何磨合，因為方向上的不同，怎麼磨都是徒勞。

2. 興趣和喜愛的事物

一直以來我都不斷和單身者們宣導，別因興趣不同，就草率的把潛在對象篩選掉，也不要因為興趣相同，就認定你們可以順利交往，興趣的同與異，不是這樣判定的。

就以時下流行的登山來說，你喜歡登山，對方也喜歡登山，就可以說你們的興趣相同了嗎？

其實不然，興趣只是表象，不代表你們的真實動機，比如「想征服百岳，所以熱愛爬山」和「喜歡挑戰自我而爬山」的人，這兩類人就有本質上的不同。

我聽過很多愛山人士就說道：「我最反感說要征服高山的人，山是美麗的，也是需要敬畏的，用征服來形容，是無知，也是對山的不尊重。」

但對於喜愛征服的人來說，也許山就是他的戰利品，在他內心沒有比攻頂一詞更適合形容登山了，而那些拍攝於山頂的個人照，更是彰顯他輝煌戰績的證明。

那你說，這兩類人登山的心情是一樣的嗎？一樣是登山，會不會有人更愛惜山林，小心翼翼的保護一草一木？有人則認為山就是要供人征服，攻頂就好，其餘的不重要呢？

登山如此，換成任何一種興趣也是一樣的，你要邀約一個人和你一起從事某種活動，這很容易，但不是他人到了現場，你們開始一塊行動，磨合就完成了。

真正的磨合是，你們從事的活動可以不同，可是動機和內在的情感趨於一致，那才算是磨合成功。

3. 對生活的期待

我見過很多夫妻婚後爭吵的理由，常是為了財務上的決策，於是很多人為了避免紛爭，就傾向尋找支持自己決策的人。

你想買房，所以對方也要想買房，你想買新車，對方也要想買車，你愛好旅遊，對方也要愛旅遊。

更有甚者，我還看過列出「人生清單檢核表」的，雙方先各自把想做的事情列出來，然後一件件核對，看看彼此的清單重疊率高不高。

重疊率高，那代表我倆契合無比，我們都想買房，那太好了，也許我們對於頭期款的分配，還有何時該買有出入，但這些小細節都是可以磨合的。反倒是重疊率低，那就連磨合的必要也沒有，不如果斷放生，讓彼此都好過。

然而這樣的思考，真的能起到順利磨合的效果嗎？很遺憾，我觀察得到的結果，答案是否定的。以買房來說，稍有理財概念的人會知道，為了避險而買，和為了投資而買，兩者的切入點就是迥異的。

避險的策略是保守的，投資則需要冒風險，他們背後分別代表了不同的思考方式，還有截然相反的價值體系。避險和投資是如此，那就更別說，你的伴侶認為房子就是要用來自住的，自住的考量，又和理財完全不同。

所以你仔細想想即會明白，用清單去衡量彼此的「同與異」，是非常粗糙與魯莽的選擇。

千萬不要很天真的以為，你和伴侶對生活的期待相同，你們就能快樂無憂的相處了，實情往往比你想得更加複雜。

以上三個範例，是最常見，也是多數人都會遇到的磨合主題，**請不要懼怕磨合，因為每一次的磨合，都是讓你重新認識雙方差異的好機會。所以即使是分手收場的戀情，那些你經歷過的磨合也都滿載著寶藏，絕不是徒勞無功的。**

重新檢視自己的磨合史，明確知道當時的你為何而磨，磨了什麼，從中更加成長，更深入的理解自我。在未來的關係中才有更豐富的資源，處理好當下的關係。

用正確的心態看待磨合

☑ 每一次的磨合，都是你認識自我的機會，就算關係未能繼續，也能幫助你更成長。

☑ 針對細節的磨合往往是徒勞的，人生方向才是磨合的重點。

☑ 別被共同興趣或相似的目標給迷惑了，雙方背後的價值觀是否一致才是關鍵。

找對象要找相似的，還是互補的？

有次一位學員澄澄聽完我上述的解說，語重心長地說：「天啊！談感情也太難了，需要考量的東西好多，沒有簡單一點的方式嗎？」

我說：「你要和一個人密切長期的相處，要情感融洽，彼此心情愉悅，合作還要順利，這本來就不是一件簡單的事，但如果你心中對靈魂伴侶這樣的高維關係有所追求，你的努力就會是值得的。」

澄澄說：「我了解了，我還想再問一個問題，那找對象到底是要找相似的，還是找互補的，會這麼問，是因為我怕自己付出努力了，到頭來卻一無所獲。」

我說：「那你對此怎麼想呢？」

澄澄說：「其實我也不是很明白，有人說要找相似，對事物的看法一致，才不會常常吵架，也有人說要找互補的，那碰到困難才可以互相補足短處，兩種說法都有道理，但又總覺得怪怪的。」

我說：「你覺得怪怪的，是因為告訴你這番道理的人，他們忽略了一個關鍵處，哪些層面該互補，哪些層面該相似，這才是伴侶相處的重點。」

澄澄是第一次聽到這說法，我便花了一點時間向他解釋分別。

相似和互補，在沒有定義「層級」之前，只是一個假議題，比如我們前面提到的登山，如果有一對情侶說：「我們都愛登山，所以我們很相似，他注重路線的規劃，我注重裝備和補給，因此我們很互補。」

請問他們的互補，是真正意義上的互補嗎？

從以登山為目標來看，是的，這是互補沒錯，但誠如先前我為你剖析的，若他倆一個人是要「征服群山」，另一個人是想「擁抱群山」，那僅是細節上的互補是無用的，理念上的不同，必然使他們逐步產生分歧。

我和澄澄說：「**大方向和核心信念要相似，細節和作法上可以互補，這種相似與互補才有意義。**」

三觀不合等於不適合嗎？

大方向不合的伴侶，猶如哈利波特之於佛地魔，魯夫之於天龍人，或是孫悟空之於如來佛，他們的核心信念背道而馳，就算能在細節上互補也無用。

澄澄問：「P大我懂了，這聽起來很像現在很多人常說的『三觀合不合』，是不是這個意思呢？」

我聽到了我最擔憂的詞，便回應：「是，但也不是。是的原因是，你知道三觀是什麼，不是的原因是，有百分之九十九的機率，你不懂何謂三觀。」

澄澄說：「怎麼說呢？三觀不就是世界觀、人生觀、價值觀？」

我笑回：「那你可以淺談一下，什麼是世界觀、人生觀、價值觀嗎？他們分別對應到那些主題？你和過去伴侶之間的不合，又是哪一觀不合？」

澄澄被我這麼一問，他回答：「三觀的範圍太大，我好像做不出一個合理的判定。」

我說：「這就是我的意思了，三觀是一個假議題，你越去想三觀合不合，只會把自己搞得越糊塗，越不知道該如何是好。」

作為常幫人釐清思路的引導者，「三觀」是我最不願聽到的詞彙，每次聽到有人用三觀來描述自己和伴侶合不合，我都為他感到擔憂。

我的觀察是這樣的，在生活中越常把三觀掛在嘴邊的人，他對三觀的理解是越少的，他只知道字面上的意思，但他並不理解何謂三觀。

所以這些人口中的三觀合不合，大多指的是「個性合不合」，但他們提及的「個性」，同樣也是虛無飄渺的，比如說你喜歡打麻將，我也喜歡，你愛喝手搖飲，我也一樣，所以我們個性很合，這都是對三觀和個性的誤解。

如果這麼說你還無法理解，那不妨反向思考一下，你認為人要懂自己的三觀有多難？一百個普通人裡，有多少人懂自己的三觀？

我的經驗是，百中無一，大部分的人不是有意識的在活著，他們只是依循著他人的眼光、社會的潮流、環境的塑造而生存，但不是靠自己的自由意志清醒的生活。

要理解自己的三觀，你首先需要的是自知，要釐清對方的三觀，你需要的是知彼（理解他人），光是要做到這兩步，就已經不是簡單的事，更別說最後一步，要磨合你們的三觀，你還需要溝通了。【關於為何這件事很難，你該怎麼做，詳見Part 7 什麼是信任？如何達到無條件的信任？】

承上述種種，我想給你的建議是，**想要合三觀，就不要去談三觀，三觀的範圍太過廣闊，主題太發散，比起三觀，你更應該聚焦的是，檢視你和對方的相處，你們曾爭執了什麼？你們一起認同了什麼？你們曾因何事有摩擦？你們如何在紛爭中取得共識？這才是能務實邁向適合的做法**。

靈魂三考：釐清感情現況

關於磨合的諸多問題，你應該十分了解磨合到底在磨些什麼吧？

磨合不是一個災難，不需要刻意避免，你和任何人談任何關係，必然都會進入磨合期，朋友需要磨合，同事需要磨合，帶團隊需要磨合，合夥人也需要磨合。

磨合期也許會爭吵，也有非常激烈的溝通，但要使兩人的方向一致，達到齊心協力的結果，磨合是不可或缺的。當然我也知道，有部分的朋友，還是希望我能給你一帖良方，讓你們在遭遇磨合時能治好病痛。

有的，我的確有幾個良方，能幫助你們從混亂的爭吵中理出思緒，不過我也要請你注意，你得完全的對自己誠實，對伴侶坦誠，那這些良方，才能發揮其應有的效果，如果你準備好了，請接招我要對你提出的「靈魂三考」。

以下幾個問題，是我當時提供給澄澄，要他好好思考的，如果你現在處於一段猶豫的感情，並欠缺判定適合的標準，那以「申論題」的方式，完整回答這些問題，將有助於你釐清現況。

第一考：為什麼你要談感情？你的目的是什麼？

談過多段感情的人，到最後往往會承認，自己不是真的需要感情，他們只是害怕寂寞。

可是僅因為寂寞就進入關係，這樣的理由不說對方能否買單，很多人自己也是無法接受的。

所以第一考我要請你聚焦的問題就是，為什麼你要談感情？不戀愛會怎樣？一個人不也很好嗎？

此問題看似簡單，實則需要你對自己的內在，有非常深入的探索才能應答，我在《男人的愛情研究室》中，也足足用了數萬字的篇幅，才把我對第一考的思考，為讀者們剖析的足夠通透。

第二考：為什麼對象非得是他？如果不是他，那會是誰？

有句話說，世上沒有誰非誰不可，理性上來說，我們都知道此句話是真的，但矛盾的是，很少人願意去面對自己心中的困惑——為什麼我的伴侶非得是他。是幽默？那沒有人比他更幽默嗎？是外表，那沒有人比他更具吸引力嗎？是忠誠？難道其他人就不忠誠嗎？

人們不願意去思考此問題，我想有部分原因是出於罪惡感，你的信仰告訴你對伴侶要忠貞，所以光是想這件事，本身就和出軌沒兩樣了。

但不去思考並不代表能解決問題，潛藏的誘惑將會成為日後感情中的隱憂，並且不思考和忠貞也沒有絕對關係，誠實面對誘惑，才是妥善處理關係的唯一選擇。

第三考：你們感情談得好好的？為什麼非要結婚？

請不要把「結婚」和「生子」綁定，如果你給自己的答案是，因為我想要小孩，所以我要結婚，那你只是規避了第三考，而不是正面回答問題。

是怎樣的理由，讓你非得要做出如此重大的決定？

在思量第三考時，我要請你把外界的壓力、他人的意見、長輩的期待都先放在一旁，那是他人的想法，不是你的。你得找到一個屬於自己，強而有力，堅定無比的理由，那這段關係也才會同樣堅固。

別急著改善關係，先釐清關係

靈魂三考，是我自己在談感情和選擇結婚時，我針對自己設下的三道考驗，應考者也不僅是我，還有我的靈魂伴侶娜莎。

我們在完全的誠實、互信，和高度理解的基礎下，各別回答這三考，同時也把自己的答案交給對方，讓對方有權力決定，根據我們的應答，接下來雙方該如何調整關係。

你無法在數天內回答完三考是很正常的，以我的學員來說，即使有我指引，他們要完成三考也至少需要將近十週的時間。

而在實行三考時，有件事我要請你特別留意，你不是為了「改善關係」才參與三考的，三考的目的是幫助你「釐清關係」。

改善意味著，你已經先假設了，只有你和對方繼續交往，才是這段感情最好的結果，可是你我都知道，如果你們的大方向已有嚴重的分歧，那在一起只會帶來更多磨擦，分開才是對彼此都好的結果。

釐清則完全不同了，你是用更客觀、更超然的視角來看待這份感情，你會看到自己的匱乏，看到他的侷限，看到彼此的差異，甚至也看清你們對這段關係仍存多少意願。

雙方都看清後，那你們就有更多的可能，做出無悔的決定。最後，讓我們回到本章開篇的大哉問，你該如何選擇伴侶，找相似的好，還是找互補的好？其實不管你和他的起點從哪開始，我認為那都很好，因為一**段真摯感情的重點，並不是在尋找一個永遠不變的人，而是找到一個願意與你同步改變的人，真正的適合也不在於你們多麼相像，而在於你們願意為彼此而成長，成為適合彼此的模樣。**

為什麼你需要先釐清關係

☑ 不是所有關係都需要被改善，繼續交往也不是關係的唯一解。

☑ 透過釐清，你們才能知道雙方的差異，知道彼此的意願。

☑ 釐清後再做出行動，關係也才會無愧於心，無怨無悔。

PART 9

感情走到什麼地步可以結婚？結婚的意義是什麼？

婚姻的意義是什麼？我想每個人都希望，婚姻象徵的是最純粹的愛情，兩個人因為相愛，所以願意長相廝守，互伴終生。

然而當你把這個問題拿去請教別人，你會發現「真愛」，往往是最少得到的回答，大部分人在看待結婚時，心裡都不是這麼考量的。

那是因為他們很現實，只看重利益嗎？我想不是的，人皆有情，尤其遇到真心相待的人，我們本能的也會想湧泉以報。

那這是因為他們不相信真愛存在嗎？我想也不是，若有一份真摯的愛擺在眼前，誰會糟蹋，而不選擇珍惜？

那如果人們既看重情感，又嚮往真愛，為什麼多數人面對婚姻會感到迷茫，進入婚姻後又想逃離？這種矛盾是怎麼產生的？

本章節我會用自己的親身故事，為你剖析什麼是婚姻的意義，如果你是已進入婚姻的人，你可以重新省思這段關係，並找到改善的契機。

如果你是對婚姻猶豫不決，不知道該不該踏入婚姻的人，我相信也可以幫助你釐清想法，做出無悔的決定。

感情穩定，和要不要結婚是兩回事

學員松泊因對結婚感到遲疑，希望我可以給他一點建議，他問我：「想請問P大結婚的意義是什麼？我和另一半已交往五年，親朋好友都建議感情這麼穩定，何不就結婚訂下終身大事。」

我說：「你知道這是不合理的吧，感情穩定和結婚是兩回事。」

他說：「起初我也覺得他們說得不合理，但其中有一個人，他差點就說服了我。」

我好奇：「嗯，他怎麼差點說服你呢？」

他回應：「他和我說，感情穩定就代表我已準備好結婚了，況且我不結婚，對方怎麼敢和我繼續走下去。」

我笑回：「那你應該已經登記完成了，怎麼還會跑來問我呢？」

他說：「因為大家都說得很有道理，可是那是對他們而言，目前的我，還找不到結婚的意義，但另一方面我又覺得自己很像異類，也愧對伴侶，好像辜負了他，所以想問問P大的想法。」

我說：「我也曾經是找不到結婚意義的人，就說說我自己的故事給你吧。」

接著我分享了自己的故事給他，接下來我會分享在結婚前，我對婚姻這件事所做的完整思考。

不想結婚才是合理的

先說一個我認為很真實，但普通人難以理解的觀點——人不想結婚很合理，想結婚反而才是不合理的。

我這裡說的「不想」，不是抗拒，而是「找不到結婚的動力」，我猜你應該很困惑，這是哪門子道理，怎麼你從沒聽過？以下我舉一個簡單的推論，你就會明白我的意思了。

想想看你生而為人，有什麼事情是別人不需要教你，你自然就會動力想要做的？

進食是一種，這是你天生的本能，你的身體需要能量，所以你感到飢餓，因此有了食慾；穿暖是一種，當你感到寒冷，你會本能往溫暖的地方靠近；社交是一種，人是社會性的動物，你有情感的需求，所以你尋求同伴，想與人來往。

這些都是你不需要特別學習，也不需要別人告訴你應該這麼做，你本身就會有的動力，可是婚姻並不在這之內。

世上沒有任何一個人，是不經過探索和學習，一出生就想要結婚，這絕對是不合理的。

所以**面對婚姻感到迷茫、疑惑，這是非常正常的，你不需要對此有罪惡感，覺得自己是不是愧對另一半，你也不需要覺得自己是異類，檢討自己為何沒有萌生想**

婚的念頭。比起那些不明就理，盲目踏入婚姻，或禁不起長輩催促，急著要成婚的人，現在一腳懸在門檻，卻沒有踏入婚姻之門的你，我認為是非常明智的。

你不想踏入不明不白的未來，所以決心搞清楚婚姻到底是什麼，這樣的省思，是對自己誠實，對另一半負責的舉動。

不想結婚怎麼辦

☑ 如果你找不到結婚的動力，這是非常正常的，婚姻不是人的自然本能，本就需要思考和探索。

☑ 感情穩定不代表就得結婚，找到能說服自己的理由，才是對關係負責任的決定。

建議你結婚的人都在想什麼

如果不結婚很合理，結婚不合理，那為什麼還有那多人，前仆後繼的衝向婚姻呢？

身為一個曾被催婚卻永不妥協，最後憑自己的自由意志結婚的人，我觀察出一個驚人卻真實的答案是——其實大多數已婚的人，是因為無知而結婚的。

再說明白一點，在結婚之前，他們並不清楚自己為何而結，也不知道其中的意義是什麼，他們採取的方式是「反過來做」，也就是「別管那麼多，先結就對了，反正結下去，日後自會找到好的理由」。

那你說，用這種心態結成的婚姻，是幸福的多，還是後悔萬分的多？是高度契合的多，還是相敬如冰的多？如果你一時找不到參考的例證，那就看看你身邊的親友和長輩們，他們已經為你做了最好的示範。

學員松泊就和我說，他身邊有個極力勸婚的長輩就是這樣，長輩非常年輕就結婚，至今婚姻已超過三十年，可是裡面有二十五年以上的時間都不開心。但即使是這樣，長輩仍然建議他要結婚，這讓松泊非常不解，長輩的建議不是自相矛盾嗎？

松泊也和我轉述：「長輩自己都知道婚姻絕非兒戲，必須謹慎考慮，才不會後悔，但他還是可以義正嚴詞的跟我說結婚的種種好處。」

我說：「我想他和你說的那番話，自始自終都不是說給你聽的。」

松泊說：「那他是要說給誰聽？」

我說：「他訴說的對象是他自己，他想和年輕的自己說，如果時間可以重來，回到當年，這次他不會再犯錯，他會選擇一個不同的人。」

長輩是如此，任何一個在你身邊不斷耳語「婚姻有多好」的人，我想也都是一樣的。他眼中的好，未必是你認為的好，更何況很多時候給你建議的人，比起設身處地為你著想，更多人只是想透過說服你，來說服他自己相信，他當初沒有結錯婚。

而為了避免你一時耳根子軟，輕信他人的言語，鑄下後悔莫及的錯，以下我已為你整理了，最常見，聽起來最有說服力的「你應該結婚的理由」。

我會一一說明，這些理由在怎樣的前提下是對，怎樣的前提下是錯的。

理由1：婚姻是對感情的保障

結婚有什麼意義？我最常聽到的回答是，婚姻是對愛情的保障。

當一個人願意和你結婚，代表他準備好收心了，過去的他因為和你還只是男女朋友，可能還有騎驢找馬的想法，對這段感情還不是那麼堅定，可是只要他願意和你結婚，那你們的感情就會得到昇華。

我以為會抱持這種看法的人是十分浪漫的，他們認為婚姻是神聖的，在婚禮上的雙方需要當著眾人、上天、賓客，還有雙方父母向對方起誓，既然是誓言，那就不可能有假。

我們就先假設這件事為真吧，一個人真的會因為發誓，許下諾言，所以全心全意的愛你，那你有沒有想過，此時婚約的純粹性還在嗎？

還是說，此時婚約的意義悄悄的發生變化了？

本來他愛你是因為他願意、他主動、他想，但現在他愛你的理由不一樣了，他愛你是基於：

- 婚姻賦予他的責任
- 眾人對他的期望
- 他必須信守承諾

只要這個想法在他內心萌芽，婚約於他而言，就是一道牢牢鎖住他的緊箍咒了，當這個現象一發生，那我幾乎可以預見你們日後的婚姻會如何發展。

男生下班回到家不會立刻進家門，他會在停車場抽根菸、聽音樂，一個人安安靜靜地待半小時，因為婚姻、家庭對他而言是重擔，他需要時間和空間喘息。女生也是的，就算是一個美麗的假日午後，比起和老公待在家，她更願意出門和好姊妹喝茶聚會殺時間。

更何況以上我們談的，還是在一個人會因為結婚而遵守諾言的狀況。

如果他不願意呢？如果在他眼中，結婚的意義和你理解的完全不一樣呢？

那結婚對你們雙方而言，與其說是提供保障，不如說更像是在進行一場賭博。

你們的賭注可能是：

- 只要結婚的事實發生，他就會願意付出更多真心。
- 婚後他會性情大變，不再浪蕩，從浪子（女）變為忠貞不二的人。
- 婚後他會更加負責任，擺脫孩子氣，轉變為成熟的大人。
- 婚後他會漸漸符合你的期望，改掉所有的壞習慣，成為一個好老公（老婆），達到你心中理想對象的標準。

以上種種的期待，要條列下去可再列舉出數十條，而抱持這樣思想的人，其核心思維都源自於他對婚姻抱持了過度浪漫的幻想，只要感情不睦、對方付出不夠多、彼此的感情要更昇華，那結婚就是最好的解方。

理由2：婚姻是資源的共享

婚姻除了提供感情上的保障外，我也觀察到另外一派非常流行的觀點，有一派人認為，婚姻是資源的共享，當兩個人在一起組成一個家，那一定比一個人孤單的在世界上單打獨鬥要來得強。

要探究此觀點的核心精神，我想可以用一句話概括，那句話叫做「我結婚當然是為了過得更好啊，不然我（和他）結婚幹嘛」。

持此類觀點的人，因為言詞上過於重利，過去往往會成為眾人的箭靶，大家會譴責他說「你怎麼可以有這樣自私的想法呢，如果你過得更好，你多拿了本不屬於自己的資源，那你的另一半不就會過得更差」。

所以現在會大聲宣告「結婚是為了過得更好」的人慢慢減少了，取而代之的新觀點是「結婚是為了讓兩個人都過得更好」。

理由3：結婚是為了讓彼此都過得更好

結婚是為了讓雙方都過更好，聽起很合理對吧？

如果你有機會和這類人聊聊對婚姻的看法，他們會告訴你：「我可不是只有顧自己喔，我也希望另一半更好啊，我們是互利狀態，他也有好處，不是我單方面全拿。」

持此觀點的人，甚至也會把雙方原生家庭的資源考慮進來：「因為我們結婚了，所以我們不再是兩家人，而是一個大家族，團結力量大，如果在工作、事業、人脈上有任何需要幫助的地方，那家族就會提供你需要的。」

看到這裡，我不知道聰明如你，有沒有開始發現，上述觀點存在一個奇怪的地方，還是說你覺得這樣想很合理，對於你的婚姻，你正是這樣計畫的？

如果你是後者，我不會說你的想法是錯的，但卻會為你捏把冷汗。

我想提醒你一件事，「因為能互利，所以共生」和「因為信任，所以共享資源」，這兩件事是完全不一樣的。

以利益交換為出發點而結婚

互利共生是從利益出發，以利益為最大的考量，商業聯姻就是這樣的，對男女雙方來說，比起真情真意的相愛，他們會結合並共組家庭，更多的是生意上的考量。

商業考量重視的是什麼？是針對我的付出，你能不能提供相等的回報，如果能，那我倆就是天作之合，如果不能，那離婚就是最有效率的作法。

那一個人對婚姻抱持「互利共生」的想法有問題嗎？

我認為問題並不大，只要做出此選擇的人，他非常清楚自己在幹嘛，他沒有欺騙自己，也沒有欺騙對方，他們雙方都知道這場婚姻的本質是商業行為，是利益交換，那他就問心無愧。

然而即使是問心無愧，當中也存在著一個極為矛盾的癥結，你要和某人達到互利共生，多的是出路、多的是方法，比如你可以和朋友、死黨、客戶、同事、廠商，或任何一間公司互利共生。

那你為什麼非要選擇婚姻？為什麼非要選擇「這個人」呢？

若把婚姻的本質視為商業行為，那人選就不是問題，誰都可以輕易替代，對吧？

對男生而言，你娶的不是她，而是她的資源；對女生來說，你嫁的也不是他，而是他的背景。

以信任為出發點而結婚

但從信任出發的話，你看待婚姻的觀點就大大不同了，你們會共享資源，是因為你們先願意高度信任對方，你相信他不論身處何種境地，都會發自內心為你著想。你與他之間那份強烈的羈絆是信任，而不是資源、背景，或其他有形的物質。

換句話說，夫妻本是同林鳥，大難來時各自飛，這句話在你身上是不成立的，因為你本來就不是為了對方的資源而選擇他，你們是因為先把彼此當成夥伴，先有這份強烈的情感，才會組成人生的伴侶。

結婚是為了讓彼此過更好嗎

- ☑ 過更好有兩種解釋，第一種是以互利為基礎，第二種是以信任為基礎。
- ☑ 為了互利而結婚並沒有錯，但若把婚姻視為商業行為，雙方的可替代性就會非常高，以利相交，利盡則散。
- ☑ 但若以信任為基礎結婚，狀況就不同了，你們不會輕易離棄彼此，情感羈絆才是這段關係的核心。

我對結婚這件事的看法

有次我和我娜莎在聊天，我們談到我在上一本作品《男人的愛情研究室》裡面寫過的一段話，那段話的原文是這樣的：

「一個人告白會成功，不是因為告白很精美，而是對方本來就想接受，一個人求婚會成功，也不是因為求婚很感人，而是對方本來就想答應，兩個人會把手牽起來不是因為刻意觸碰，而是情到濃時產生的結果。」

我寫下這段話的原因是因為我想表達，關係的本質，遠比旁人為關係賦予的「名稱」來得重要多了。

比如說一個人正為確認關係所苦，這種煩惱就不是必要的，因為比起對方怎麼稱呼你，你在他心裡有多重要，他對你有多欣賞，有多麼信任你，才是真正重要的事情。

你們之間的情感夠緊密，即使外界看待你們的觀點是曖昧對象，那確認關係也是遲早的，反之，若你們以男女朋友互稱，相處互動卻冷淡如冰，那這樣的稱謂也沒有意義。

那天娜莎順著書裡的內容，問了我一個很深刻的問題：「如果戀愛是你說的這樣，那人們為什麼要結婚呢？結婚和戀愛不也沒有差異了嗎？你對婚姻是怎麼想的呢？」

我說：「我確實是這樣想的沒錯，我認為婚姻是愛情的結晶，但它不該是一份合約，也不是什麼對雙方的保障。」

為了要完整解釋我的想法，也聆聽她對這件事的看法，我們花了許久時間，針對此主題有了非常深入的對談。

婚姻的本質是夥伴關係

當時我是這樣和娜莎說的：

「其實在和你結婚前，對婚姻的意義我就有過一番很深入的思辨，我問自己為什麼我會想要和你結婚，可是在前幾段感情中，卻完全沒有這種想法。經歷了很深沉的思考後，我發現答案很簡單，就是兩個字：夥伴，我們是彼此最好的夥伴。

我對夥伴的定義是：

1. 倆人可以高度信任彼此
2. 夥伴做決定的時候，一定是從對彼此都好的角度出發
3. 夥伴之間有高度的默契，有相似的價值觀
4. 夥伴永遠會把對方放在心中的第一位
5. 夥伴有無論如何也要維繫這份羈絆的決心

而在我過去的感情中，因為諸多原因，我並沒有強烈的感受到，雙方之間的感情有從一般男女朋友的關係昇華到了夥伴的層次。

可是當對象變成了你之後，差不多在我們相處半年左右，我就強烈感覺到，這份感情和我以前所談過的任何一段都不一樣，當我們有想法要表達，彼此立刻就能理解，以前我和另一半需要花時間溝通的事，現在我們一個眼神交流就搞定了。

而且最重要的是，我可以無條件的信任你，你也能無條件的信任我，這幾乎解決了很多情侶之間會產生的摩擦、誤解、誤會，我們知道彼此永遠站在同一陣線。

我們在一起的時候，談論的不是我的未來，你的未來，而是我們的未來，那在這一刻我就知道，我們可以結婚了，We're ready。」

什麼叫做夥伴

當我把故事說到這裡時，學員松泊忍不住發問了，他說：「P大你說的夥伴，意思是合夥人這樣的概念嗎？」

我說：「合夥人是商業夥伴，那是一種夥伴沒錯，但我認定的夥伴，是永遠把情擺在利之前的。」

接著我向他詳細解釋了何謂夥伴，很多人以為的夥伴關係是「商業性導向」的，因為我們有共同的目標，有一致的利益，所以我們決定合作。

那為了讓合作雙方有保障，並明確彼此的義務，還有不該違反的事項，所以我們訂定一份合約用以約束雙方，這份合約的名字叫做婚姻。

那你說在這份合約當中有信任存在嗎？

也許有，但是遠遠不夠強烈，所以才需要合約，用白紙黑字寫清楚的方式來保障雙方。

而我對夥伴的定義是，我們倆人之間，先達到了至高無上的信任關係，因此才產生了婚姻，婚姻的意義也不是合約，而是「紀錄這個現象」。

我知道很多人對結婚的思考順序是這樣子的：你因為想結婚↓所以你打算去結交另外一半↓然後看看這個人，有沒有符合你結婚對象的標準。

但我內心的順序是：我沒有非要結婚不可的想法↓我只是在人生的旅途中，恰好碰到了一位靈魂伴侶↓我們之間有無與倫比的信任關係，使我們成了世界上關係最緊密的夥伴↓所以我們決定用結婚這個行為，來向身邊的親朋好友宣告這件事情。

我鄭重地和松泊說：「因此我和娜莎都認為，**用婚姻來定義我們的感情，那是太狹隘了，因為即使沒有這張紙，我們之間的感情早就達到了這種高度，我們對彼此的信任和付出，已經超越傳統婚姻的層次了。**」

那我知道很多朋友們一定會好奇，既然我們認為婚姻的意義不大，為什麼我們還要結婚呢？

這就如同前面所說的，我倆明白我們對婚姻的定義只屬於彼此，並不是每個人都可以接受，為了讓我們身邊重要的家人能理解這件事情，能夠照顧到他們的感受，所以我們決定結婚。

松泊聽完我的故事以後心有所感，他感嘆道：「聽P大這麼說，我明白結婚是怎麼一回事了，不過我心裡還是覺得怪怪的，有種說不上來的難受，可能是以前認知的觀念，一口氣都被翻轉了。」

我說：「你有這種感覺是合理的，當初我想通這些道理時，自己也感到晴天霹靂，感覺原本人生的方向，都因為忽然悟通的道理，有了一百八十度大轉變。」

由於松泊的問題尚未徹底解決，我請他先沉澱幾天，待他消化完我給他的觀念後，再回頭想想他碰到的問題，同時我也給他出了一個思考題——你的感情明明好好的，為什麼你會突然想思考結婚的意義？

我對婚姻的看法

☑ 結婚是一種現象，你們彼此已是最好的夥伴，婚約只是伴隨產生的自然結果。

☑ 真正的夥伴總是把情感擺在利益之前，而夥伴需要有相似的價值觀，和維繫這份羈絆的決心。

阻礙情感升級的難關：名分枷鎖

數天後松泊已準備好，我給他提了靈魂拷問：「你明明不想結婚，那搞懂結婚的意義，對你來說有何重要呢？你若沒有結婚的動力，怎麼他人一句話就動搖你了？」

有備而來的松泊，很快就給了我答覆，他說：「因為我覺得，我若是不結婚，好像愧對了另一半。」

我反問他：「所以你的意思是，你認為自己對他不夠好？」

松泊說：「可以這樣說吧，就覺得都交往這麼多年了，他也對我蠻好的，我好像欠他一場婚姻。」

我笑問他：「那你可以直接對他好啊？如果你夠了解他，那對他好的方式起碼有幾百種，為何偏偏要用結婚來表現？」

松泊說：「因為結婚最能夠代表我的心意。」

我說：「那結婚後呢？現在你把結婚當成今生最貴重的厚禮，同時也是最至高無上的示愛方式，用來贈予對方，那婚後你對他的好，不就只能一路走跌，再也沒有超越結婚的可能了？」

松泊被我如此一問登時啞然，半晌後他問：「是不是打從我覺得虧欠的那一刻，我的出發點就錯了，因為虧欠而想彌補，算不上真正的愛？」

我回應：「應該這麼說，談感情沒有誰欠誰，若你甘願付出，那做就是了，所以真正的問題是，為什麼你不肯現在、立刻、回家後就好好對待他，而是非要用結婚來代替呢？」

因為松泊的匱乏藏得極深，他無法第一時間回覆我的提問，於是我又和他聊了一會兒，一邊引導他往更內在更深的角落探索。

最後松泊給了一個意想不到的回應，他說：「我發現自己有個心結，我一直覺得，他必須是我的合法配偶，我才能跨過心中那道檻，毫無保留的對他，但現在他不是，所以我對他的愛也保留了好幾分。」

至此，松泊的問題總算是水落石出了，我稱此問題為「名分枷鎖」，它是所有情侶們進入婚姻前，必然都會碰到的難關。

我對你的好，要有名分才能做

在我解釋名分枷鎖之前，讓我先問你一個問題，你要怎麼決定，你要對一個人有多好？比如某個人是你的女朋友（男朋友），那你對他好的程度，跟你對妻子（丈夫）是一樣的嗎？

我想你八成會和我說，當然不同，雖然男女朋友之間親暱到一個程度，彼此也會互稱公婆，但那跟真正有婚姻關係的伴侶，本質上還是不一樣的。

如果你是這麼想，那我想再問你，如果你們對彼此的好，在結婚前從來沒有達到婚後的「至高狀態」，那你怎麼能確定，你們結婚後，本來有保留的那部分，就可以變為毫無保留？

這樣的矛盾，就是我所稱的名分枷鎖。被名分枷鎖困住的人，他們堅信，兩人相處，必須在正確的「名分」內才能做某些事情，否則就會破壞關係。

若這麼說太抽象，讓我們先抽離婚姻的話題，先退回戀愛，我用戀愛流程為你舉例吧。假設一對情侶要交往，他們會經歷幾個階段，畫成流程圖正好是：

陌生→友好期→好感期→曖昧期→確認關係

根據這張圖，持有不同價值觀的人，就會做出不同解釋。比如有人會說，友好期絕不能送禮，送禮是大忌，會讓對方發現你的意圖進而疏遠你；也有人會說，曖昧期叫對方起床是加分的，尚未進入曖昧期就做一定會出局。

但有時候，你也會聽到矛盾的說法，例如：

「牽手，會把對方的心牽走。」

「還沒在一起，絕不能貿然牽手，你會被當成玩咖。」

那你說，誰是對的，誰是錯的？認真思考過後，你會發現他們其實都對，也都錯，有人也許真的牽手牽到白頭偕老，也有人牽著牽著就散了。

但我認為，怎麼做本身不是重點，重點是這條「看似正確的流程」，本身就是有問題的。為什麼我這麼說？

因為此流程最後一步是「確認關係」，但問題是：什麼叫「確認」？什麼又叫做「關係」？

以一個常見的情境為例：《你正在曖昧的對象出國出差六天，今天剛回國，希望你可以去機場接他》

請問你該做嗎？如果你要回答我，已確認關係就去，沒確認就不去，那讓我反問你，要是你去了就能確認關係，你是去還是不去呢？

要是這麼說你還是不明白，我們把關係人從「對象」換成「朋友」好了。你在朋友辦的聚會上，認識了新朋友小明。一晃眼，你和小明已認識三個月了，期間你們一起出遊、玩樂，聖誕節還來你家和你家人聚餐，某天你感性的和小明說：

「欸，從今天起，我們就是朋友了喔。」

「恩恩。」小明回應你。

從這一刻開始，你和小明確認了關係，以後你們就是朋友。幾天後，你因公出國六天，回國時你希望小明來機場接你，但小明卻沒有這麼做，甚至他連不能來接你的理由都沒說。

於是你說：「小明，我把你當朋友才要你來接我，但你竟然沒有來，我覺得你背叛了我。」

你覺得小明會怎麼想？小明肯定一頭霧水，他覺得你大概是撞到頭了，所以開始胡言亂語。

關係不是用確認得來的

以上你和小明的關係，就是我開頭和朋友談的「名分枷鎖」。被名分枷鎖困住的人，往往會被名分所綑綁，卻忽略了關係的本質，並不是用確認而來的。

不要被名分所綁架，名分僅是一種表象，但不要把當作它關係的真相。

你是爸媽的「兒女」，他們是你的「父母」，所以你們是家人，那你們的感情是建立在「名分」上嗎？如果是，那照理說，你出生的第一天，他們就要無條件的愛你，你也無條件愛他們，但人際關係是這樣發展的嗎？

同理，你和某人本是陌生人，在網路聊過幾天後，他改口稱你為老公（老婆），你就要相信他自述的，家裡欠下巨債，若無法償還就要被黑道抓走，而你身為伴侶，幫他償還債務就是必須的，是這樣嗎？

確認關係也是，關係不是確認來的，今天某人答應你交往，他隔天隨時也可以反悔。

但不要苛責他，也不要怪他，你應該站在他的立場想想，一定有什麼阻礙著他，他可能正在害怕什麼、猶豫什麼，那個「不知名的什麼」，才是你要花心力去處理的事情。

付出，是因為你真心想做

我和松泊說：「你得破除名分枷鎖，因考慮結婚而產生的心結，才會徹底解開，你們的情感也才會昇華。所以我得問你，為什麼你害怕付出，在保留付出的背後，你隱藏起來的恐懼是什麼？」

松泊說：「我想我真正害怕的是，我付出了所有，卻沒有得到相等的回報，可是如果先結婚，那至少婚姻讓我多了一層保障。」

我說：「如果你指的保障是，對方因為考量離婚的人際成本過高，所以不會斷然離婚，那你的考慮是徒勞的，因為最終你會得到的，必定是一段貌合神離的婚姻，同時他也不是真的想繼續和你在一起，他只是暫時付不起離婚的代價罷了。」

松泊說：「那我該怎麼做呢？」

我說：「你得先破除自己對於付出過多，關係就會終結的假設。目前的你為關係做了兩個假設，假設一，只要你付出過多，關係就會終結，但這並不是一個事實。第二個假設則是，你擔心自己的付出得不到回報，但沒試過你怎麼知道？」

松泊說：「那照P大這麼說，只要我真心無保留的付出，就一定會有好的結果嗎？」

我說：「應該這麼說，你不付出，感情就會停滯不前，就算你結婚了，那份『害怕沒回報的恐懼』依然會伴隨著你，但如果你盡了全力，結局就完全不同了。關係也許仍會結束，你認清他就是和你不契合；關係也許會進入磨合，你們需要好好釐清，為什麼接收不到彼此完整的愛；關係也許會昇華，你們會幸福的走入婚姻。但不論是以上哪一種，這段關係都能畫上完美的句點，你們雙方都能帶著更全面的自知，在未來和他人談上更契合的感情，而不是因為恐懼，永遠的困住自我。」

不要害怕付出，付出本就是一件美好的事，你會想付出，一定是基於你的善意，你認定的浪漫，你覺得好的事情，這些事情當蘊含你的價值觀和情感。所以你在做的同時，你已樂在其中，同時對方也藉此更認識你，你們的關係會前進、會後退、會震盪、會更堅定，也可能會改變。

別害怕關係會改變，因為關係本來就時刻在變，而無論關係如何變，這都是好事，你們都將因此更認識彼此和自我。

千萬不要因為恐懼而收斂付出，一旦你開始這麼做，若對方的想法也和你一樣，總想著「誰先認真誰就輸了，付出是一種投資，投資就是要賺，不賺的情感我不投」。

在一段感情中，只要有一方開始這麼想、這麼做，那我幾乎可以斷言，你們的關係必定會迅速凋零，如果說僅僅是分手那也就罷了，但恐懼不會因分手而消散，它會在你心裡紮根，影響你日後的每一段感情。(也不只是感情，以上所談的邏輯適用於任何一種人際關係)。

為什麼情感發展會碰上瓶頸

- ☑ 你們以為關係需要名分，情感才會更加昇華。
- ☑ 你們的付出被名分給限制，但付出應該是基於內心感受自然想做的。
- ☑ 先有情感的連結，才有名分的出現，情感才是因，名分僅是果。

好的感情來自「灌溉養情」

現在你懂了什麼是「名分枷鎖」，也知道它會如何傷害你，那你可以做些什麼？我認為，你可以換一種新的思維，我稱其為「灌溉養情」，它和「名分枷鎖」正好是相對的，以結婚為例，抱持名分思維的人會想，我要怎麼做才能邁入婚姻，男生致力於求婚要精美、盛大、轟動，女生汲營於要男生給予承諾。

灌溉養情的人則會知道，我們倆是情投意合，心有靈犀，共同栽種出了名為結婚的果實，那果實早已懸掛在那，要不要採摘只是一個行動和念頭，但摘與不摘無太大差別。

被名分枷鎖箝制的人看似積極，其實是名分的奴隸，他們被追求名分所驅動，又為得不到名分而痛苦；堅信灌溉養情的人是思想的主人，他們知道所有的關係都是用心灌溉來的，你想怎麼收穫就先怎麼栽，這才是人際關係的本質。

想突破感情瓶頸，不必非得靠婚姻

再以我親身的故事為例，為你說明何謂「灌溉養情」吧。

我和娜莎交往的第三年，開始有許多熱心的親朋好友關切「你們什麼時候要結婚」，由於那陣子關切實在太多，不禁也讓我開始反思，會不會結婚真的有其重要性，可能是我忽略了。

那段時光，我倆專注的一起探討結婚的意義，同時也把我們的感情，和大多數「已婚人士」的婚姻狀況做了一輪完整的探討和對比。

對比後我們發現，他們的思維是這樣的：

1. 情侶的感情再怎麼好，也是有瓶頸的

2. 要突破這層瓶頸，就要靠婚姻

3. 結婚可以讓你們更幸福

我細看後發現，這不正是標準的名分思維嗎？

我和娜莎的思維則是這樣的：

1. 我們的感情確實有水位存在，但不存在上限

2. 而所謂的男女朋友、婚姻等各種名分，不過是對水位的稱呼而已

3. 所以水位高低才是最重要的，怎麼命名不是重點

4. 結婚不會讓我們更幸福，幸福不是靠名分，而是靠雙方用心灌溉彼此

兩相比較後，我們豁然開朗，也清楚認知到，其實我倆感情的堅定、真摯、坦誠，早已打碎了名分枷鎖，昇華到了靈魂伴侶的境地，那我們又何須去擔憂，結婚或不結婚的問題呢？

如何昇華你們的感情

☑ 盡力付出，不要害怕付出，付出本身就是美好的，付出能讓彼此加深理解。

☑ 感情確實有水位，但名分只是水位的稱呼，不代表水位的上限。

☑ 當你們都持續灌溉感情，關係自然會成長，自然會有屬於你的收穫。

邁向婚姻的三大心法

在幫助松泊破除名分枷鎖後，我知道他的恐懼已然消散，不過此刻的他，仍不具有堅定的信念，他還需要一些指引，才知道往後該如何經營關係。

所以我和他說：「如果你非要問結婚的意義，那就記住這三點吧，這是我認為婚姻最重要的三大心法，按照心法的方向和另一半相處，那情感的昇華，無悔的走入婚姻，就是水到渠成之事。」

心法一：先有情，才有果

婚姻是對關係灌溉予幸福，在關係樹上結出的果實，絕不是關係疏離，用以摘取幸福果實的台階。

很多人步入婚姻的順序是這樣的：因為想結婚，所以去尋找一個符合標準的對象。

我不能說這個順序有錯，但我不禁會想問這些人，你想結婚，一定是為了滿足些什麼，達成些什麼吧，那除了結婚以外，真的沒有其他辦法，可以幫你達成了嗎？如果他們給我的答案是，他想和某個人一起達到「靈魂伴侶」的狀態，能交心，能互相信任，那這種想法又更矛盾了。

因為很顯然他們把婚姻當成「取得幸福」的方法，婚姻對他們而言就好比是一道台階，當他們拾級而上，就能獲取他們心心念念的東西。那婚姻的本質依舊存純粹嗎？

我一直以來的核心思想都是「先有情，才有果」，而不是「為了果，去營造情」。當一個人認為「婚姻能讓自己得到幸福」，並為了這份幸福而去「找對象交往」，這個出發點本身就是匱乏的。

兩個人會想交往，會想結為夫妻，一定是他們這段關係中，體會到了一種至高無上的經驗，這種經驗可能是他們這輩子從沒有過的，因此雙方帶著這份感動，用結婚來紀錄這特別的一刻，這才是我認為婚姻的意義。

心法二：建構無條件的信任

沒有信任關係的婚姻，注定是一場沒有贏家的賭局，入局的人都以為自己能贏到最後，殊不知上賭桌的那一刻，他就失去了最寶貴的真心。

想要讓情感達到至高水位，第二個最重要的心法是，建構無條件的信任。

以我為例，我和娜莎從戀愛交往到步入婚姻的這段過程，就如同許多人一樣，也有發生摩擦，或是因為意見不合需要溝通的時候，但我們從沒有懷疑過彼此對對方的愛與付出，在相處上，我們總是能做到無條件的信任對方。

坦白說，這不是一件容易的事，因為人性是多疑的，比起從別人口中聽到說法，我們更相信自己親眼所見。

舉個實例來說，如果今天有一位朋友和你說：「欸，我早上看到你男友（女友）在星巴克和一個女生（男生）有說有笑的欸，你要小心一點，我覺得他們之間的關係不單純。」

大部分的人聽到朋友這麼說，心裡的一股無名火大概已經燒起來了，接著他們可能會：

- 氣沖沖地回去質問伴侶，要他給一個交代。
- 默默觀察和測試伴侶，看他到底在搞些什麼。
- 故作鎮靜要伴侶給個說法，伴侶說完他卻不相信，還是懷疑事有蹊蹺。

以上這些做法都沒有錯，但存在一個共同點：那就是你打從心底不相信對方的忠誠。

在此請注意，我不是說你不能去「詢問」對方事情發生的經過，也不是要你去「忽略」情節中不合理的部分，你有這些疑問是正常的。

我所在意的重點是，你當下的表情、情緒、態度是否有散發濃濃的不信任感，你是否把自己看做一個警察，把你的伴侶看做是嫌疑犯。

一旦你預設了你是警察，他是犯人的立場，那接下來你們一定會發生爭執，因為你內心已經為整件事做了有罪推定，那不論他把事情說的多清楚你都不會相信，你們談到最後，也必定會為了為什麼你無法信任我而吵架。

當然我也不是要告訴你，在剛認識一個人時就要做到無條件信任對方，直接預設他就會對你坦誠，百分之百地忠誠於你，這太偏離現實了，你還是得知道如何去分辨，這個人是否值得你信任，以及透過正確的相處，讓你們之間能達到「雙向互信」。【關於如何達到無條件的信任，請參考 Part 7 什麼是信任？如何達到無條件的信任？】

信任是如此重要，若你和另一半的感情沒有達到高度互信，那你就不該貿然進入婚姻。因為你們即將要更密切的和彼此相處，甚至也得和對方的家人往來，若信任不夠，那一個微小的摩擦，到最後都會因為信任不夠，演變成劇烈的爭執、吵架，讓你們的感情產生裂縫。

心法三：最緊密的夥伴關係

在前文中我多次提到我對夥伴的定義，在這裡讓我詳細說明，若你們不是夥伴關係，或是對夥伴這兩個字有誤解，那會在你們的感情中引起怎樣的風暴。

最能夠鮮明代表夥伴形象的指標，我想就是漫畫《ONE PIECE》裡的主角群了，沒看過此漫畫的朋友，也可以想像夥伴就是電影《哈利波特》中哈利、榮恩與妙麗的關係。

在你們結為夥伴之前，你們是獨立的個體，你的人生中有很多壓力要扛，這些壓力可能是：

- 原生家庭對你的期待與要求
- 工作和大環境上的快速變化
- 身體健康上的問題
- 你個人情感上的情緒與匱乏

每一種壓力，都可能讓你的身心，財務，以及個人的整體狀況陷入困難，而我看過很多情侶是這樣應對的：

「你爸媽要求你要怎樣怎樣，那是你的問題啊，你應該自己解決吧，不要把這件事扯到我身上。」

「你的工作每況愈下是你自己不努力，你要想辦法啊，那是你的課題吧。」

「你對這段關係沒有安全感是你的問題，安全感是自己給的，我上班已經很累了，為什麼下班還要去處理你的胡思亂想。」

這些情侶們平常很恩愛，在倆人的人生各自得意時，他們可以每天濃情密意、卿卿我我，然而當其中一方遭遇困難時，他們就不再把彼此視為一個完整的個體了。

相反的，他們把「你」和「我」分得清清楚楚，明明白白，而此種現象就是「夥伴關係」和「非夥伴關係」之間的最大差異。

非夥伴關係有福也許能同享，但有難萬萬不能同當；夥伴關係則是，幸福時我們在一起，困難時也永不離棄彼此，同舟共濟。在成為夫妻，進入婚姻之前，建立

起緊密的夥伴關係，我認為是對你，和對你的另一半都至關重要的。

專注灌溉，感情自會昇華

為了確定松泊不只是知道心法，同時也能把心法變為作法，切實應用在他和伴侶的相處，我請他在接下來的數月一邊實踐，一邊把相處狀況回饋予我，同時我也針對他碰上的問題逐一點撥。

很快的，數週後松泊就捎來了好消息，他說：「自從上次被P大一點，我就一直提醒自己，不要去想結婚的事情，先有情，才有果，專注於現在，專注於對我們來說有意義的付出才是對的。到了這幾天我發現，我內心那股『覺得自己付出不夠，因而感到愧疚』的感覺也消失了，而很奇妙的是，我反而更樂於付出自己的所有，因為我知道，付出是為了灌溉這段關係，灌溉本身就是值得的。」

又再過了數週，松泊發來了另一封訊息，這次他喜道：「我把名分枷鎖扔掉，置換成灌溉養情以後，感覺和伴侶又進入了二次熱戀期，我可以很明顯感覺到，我們的關係正在昇華，雖然我知道未來也還需要努力，但這種感覺真的很棒，是我從未體驗過的幸福感。」

找到專屬自己的答案

如果你現在正煩惱「我是否該結婚」，我認為你應該跳脫「該不該」的思考框架，問問自己的內心：「我和另一半的感情，是否達到婚姻的水位了呢？」

如果你的答案是YES，那恭喜你，你們的實質感情一定是穩定且深刻的，結婚對你們而言，不過就是形式上的意義而已，結也好，不結也罷，都不影響你們攜手共度人生。

如果你的答案是NO，並且你自己也說不清NO的理由，也請你先別難過，婚姻是人生的里程碑，但不是缺少它你的世界就會天崩地裂。

這恰好是一個好時機，讓你去反思，你和另一半的感情還差了甚麼？你們的人生目標、價值觀還有何不同。

當然我也毫不反對，你能誠實面對自己，並承認「我就是需要有人照顧，所以我想結婚」，或者你是為了「讓雙方的資源能共享」。

無論你怎麼想，你都是對的，因為意義本來就是由人去賦予的，你身為自己人生的主宰，當然有權給婚姻立下定義。

也因此，我不是要告訴你，怎樣是對，怎樣是錯，因為選擇本就沒有高低和對錯之分，真正的關鍵是「你想談一段怎樣的感情？」

你做決定的出發點，還有自身的價值觀，能幫助你去達成你想要的嗎？

你得先搞清楚這些事，才能一步步釐清自己的想法，去建構一段能帶給你快樂、踏實、滿足的婚姻。

我不願看到的是，你明明對自己想要的人生、感情狀態都還是一片迷茫，對婚姻的想法也是一片空白，卻因為長輩的催促、朋友的推波助瀾、社會價值觀灌輸給你的想法，讓你倉促做出會讓自己後悔不已的選擇。

希望我和娜莎的故事，能帶你看到，婚姻除了保障、資源，這些物質層面的東西以外，在精神層面上，它還能夠具有怎樣的意義，給予你更多的選擇。

邁向婚姻的三大心法		
心法一	先有情，才有果	婚姻不是通往幸福的階梯，而是感情自然成長後的果實。
心法二	建構無條件的信任	無條件的信任不等於盲信，而是相信對方的愛與付出，不輕易懷疑對方。
心法三	最緊密的夥伴關係	真正的夥伴不會把問題分為「你的」或「我的」，而是共同面對一切挑戰。

PART 10

當關係走到什麼地步，代表可以分手了

有句話說，人總是因為誤解而交往，因為理解而分開，但這句話沒說完的是，如果我們正處於一段誤解與理解並存的關係內，那我們是應該分手，還是繼續交往呢？

分手到底是一種不負責任的選擇，還是給予彼此更廣闊的自由？

我常常收到很多人問我，他們的感情發生了些事，是不是該狠心來分手，這些事五花八門，有一方不想結婚的，有另一半和異性走得太近的，也有遭到劈腿背叛的。

這些來信者們的目的，有些是希望我給予客觀的建議，也有些是希望我為他指出盲點，不過大部分的人，都是希望我能擔任他們的「關係法官」。

他們希望我能用公平、公正的方式，有條有理的裁量出誰對誰錯，再提出「誰無罪」、「誰有罪」，最後判決誰要負的責任少、誰要負的責任多。

每每遇到此景，我都感覺非常荒謬，你都在談感情了，確定還要談對錯？

但轉念一想，年輕的我不也是如此嗎？也許對多數人來說，他們談的感情並不多，多也不一定深，就算深也可能是混亂的，也因此他們需要一個參考標準，才能進行反思與自我檢討，讓關係能更加融洽。

所以在這章節內，我會給你一套「關係分離準則」，讓你在感到迷茫、混亂的時候可以照著準則走，但我要特別提醒你的是，這套標準的目的，並不是要用來評判他人的對錯。

他人的決定、他人的選擇，永遠是他人的課題，你能夠做的，是誠實、不帶欺瞞的面對自己，清楚自己的感受，這時你也才會明白，這才是通往幸福的唯一道路。

關係中的放大鏡：遠距離

由於幾乎所有的分手原因，都會從「某一方先犯錯」開始，比如和異性過從甚密、不信守承諾等等。

只要情況如此，不管怎麼談，我們都很難不去偏袒犯錯，或不犯錯的那一方。

為了達成盡可能的公平客觀，就讓我們先從一個沒有對錯，卻也十分常見於關係中的狀況——遠距離，開始說起吧。

聽到遠距離，我猜很多朋友會想：「可是我和另一半沒有遠距離啊？那接下來討論的案例適用於我嗎？」

請放心，肯定完全適用！因為遠距離本質上不是一個「問題」，它是問題的「放大鏡」。至於它是如何成為放大鏡的呢？請跟著我的思路，你就會明白箇中原由了。

為什麼戀愛無法承受遠距離

遠距離能算不算是一個分手理由？

我聽過很多人說，遠距離當然要分手，因為遠距離很寂寞，彼此無法在第一時間得到慰藉，遠距離也無法維持感情，當我最需要你的時候，你卻不在我身邊，怎麼能不分手？所以因為遠距離而決定分手，似乎是無比合理且睿智的理由。

但仔細想想你會發現，如果距離會導致感情變淡，那分隔兩地只有休假日才見面的假日夫妻，他們是不是也該離婚？孩子到外地讀大學，幾個月才回一次家導致親子關係疏離，那父母是不是也該和孩子斷絕關係呢？若以上答案皆否，那遠距離會促成分手的理由就不攻自破了。

不過我知道肯定有人會反駁，說離婚的成本過高，哪能說離就離，而親子關係是血緣無法說斷就斷，這和戀愛是不一樣的吧？

我同意這個觀點，所以接下來就要和各位說說，為什麼偏偏是戀愛，會無法承受遠距離的考驗。

旁人的鼓動

我認為促成遠距離分手的最大兇手，不是來自誘惑，也不是來自情感疏離，而是來自「旁人的鼓動」。

我有位學員溫蒂因為工作關係，即將和伴侶分隔兩地，由於他從沒經歷過遠距離戀愛，因此感到十分焦慮，也找了很多親朋好友詢問意見。

為了幫他釐清焦慮，我把他收到的意見整理，最後歸納出了以下三種形式：

1. 為你感到著急

溫蒂碰到最多的，是為他感到著急的人，他們聽到溫蒂將面對的遠距，一個個都坐立難安。

我和溫蒂說，他人的著急，只是他人的煩惱，不要被他們的情緒給帶走了。因為這世界上，不是所有人都經歷過遠距離的，更常見的狀態是，很多人終其一生，和伴侶都在同個城市生活。

而當你詢問他們意見時，他們因為想認真地提供建議，所以會把自己代入你的立場，想像著如果是他自己遇上遠距離，他會有什麼感受。

有些入戲太深的人則會開始想「我家那隻平常就不太安分，我若不在他身邊，他鐵定會四處拈花惹草吧」，接著他會把自己的著急、不安，一股腦的宣洩給你。

這時候狀況就精彩了，**一個本該給你意見的人，比你還要擔心遠距離的影響，那你的心怎能不被對方所牽動呢？**

2. 預設你的悲劇

在溫蒂收到的意見內，就屬「為他的戀情預設悲劇」最有殺傷力了。

有些人因為自我價值低落，對關係有非常深的不安全感，所以對自身的感情狀況抱持悲觀。當你問他們遠距離戀愛容不容易，他們會告訴你：

「如果是我到了台北，他大概就跟別人跑了吧。」

「他現在就對我很冷淡了，遠距離鐵定光速分手。」

「你自己要小心，遠距離的變數很多。」

面對這類言論，理智在線的人會反思：

「他說的確實有可能，但這適用於我身上嗎？」

「不，他的伴侶和我的伴侶個性不同，價值觀也不同，所以他的推測，只限定於他本人，不包含我。」

然而你得知道，一個為了遠距離而煩惱的人，感性的憂愁，通常已蓋過了理性的思考，此時他內在的匱乏，就極易因為旁人的言語引動，開始編織「悲觀小劇場」。

一旦小劇場開始作用，接著受到的影響就是情緒，在他的想像中，他已經用數十種不同的劇情分手數十次，所以回到現實，分手就是必然的。

這些人往往也會說服自己「反正我們遲早會分手，那長痛不如短痛」，但他從沒想過的是，未來尚未發生，一切都只是他的想像。

所以我才說，當你碰到一個人給你意見時，若他已經預設你的悲劇，你的心智也不夠穩固，那他的預設，就會變成你的想像，使你去自證他人預設的悲劇。

3. 幫你想好後路

有一類人對感情的想法是，感情可以不和，可以吵架，可以感到傷痛，但我絕不能單身。這種思想的本質，在於他把「有對象」當成自我價值的證明，所以不容許自己變成他人眼中的單身狗。

那如果一個人是這麼想，你猜猜看他應對遠距離的策略會是什麼？答案是，他會想辦法讓自己立於不敗之地，永遠保持著「身邊有可交往對象」的狀態。

這也就不奇怪，當你進入了遠距戀愛，總會有朋友給出違背良知的建議——多看多比較了。

溫蒂和我說：「在我收到的意見之中，這類是我讓感到最為難的，比如別人為我著急，我可以冷靜下來反思；有人預設我會分手，我可以用理智跳脫；但是當有人建議我多看多比較，我忽然也覺得，這建議其實蠻有道理的。」

我問溫蒂說：「那你認為有道理的地方在哪呢？」

溫蒂說：「就覺得……男未婚女未嫁，多看多比較，應該也沒什麼錯吧？」

我笑回：「所以是有道理，但沒道德囉？」

溫蒂說：「對，大概就是這種感覺，客觀上來說，自己其實沒錯，可是心裡覺得對不起對方。」

溫蒂的想法，其實就是大多人的想法，買東西都要貨比三家了，那在擇偶上多看多比較，何錯之有？坦白說，我也認為你沒錯，比較是人之常情，但你有沒有想過，你的比較公平嗎？

你的伴侶只有一個人，但你比較的對象卻包含了公司同事、朋友的朋友、親戚介紹的對象，這是一場不公平的較量。你的伴侶用一己之短對付眾人所長，長久下來，你鐵定會覺得自己的伴侶一無是處，那你怎麼可能不分手呢？

為什麼遠距離容易分手

☑ 遠距離不是問題，距離只是放大鏡，放大關係中原本就存在的問題。

☑ 雙方的距離一拉遠，情緒就會容易受到旁人的鼓動，使想法變得悲觀。

☑ 遠距離讓比較的機會變多，但用眾人之長比較伴侶一人之短，本身就是不公平的。

持續交往也需要理由

聽完我的分析後，溫蒂回應：「P大你說的我明白了，可是有一點我還是想不通，我知道我不該被遠距離所影響，不該輕易分手，但照你的觀點，豈不是發生任何事情，我都不該分手嗎？」

我反問他：「那你覺得怎樣該分手呢？」

溫蒂說：「嗯……其實我也沒有一個很篤定的想法，除非他劈腿，或是說他不愛我了，除此之外，我想不太到分手的理由。」

我說：「如果你想不到分手的理由，那你又怎麼會知道，你和他在一起的理由是什麼？」

溫蒂愣了一下回應：「我不太明白你意思，我和他在一起，是因為我喜歡他，這樣還不夠嗎？」

我說：「這麼說吧，你喜歡他，只構成了你們確認關係的理由，但不構成你們持續交往的理由，這是不一樣的。」

溫蒂的表情更困惑了，他說：「那這差別在哪裡呢？」

我：「你可以這麼想，想像一下在沒選擇的情況，比如上班很忙碌，或是下班趕著回家，你會選擇怎麼解決一頓飯？大概就是買個便當、快餐，或是可以快速填飽肚子的食物，只要別難吃到無法下嚥，你都可以接受對吧？」

溫蒂點頭，我繼續說：「但如果你有選擇，情況就不同了，在你有心情和時間的餘裕下，想要享受一頓美好的餐點，你會怎麼選？你可能會選西式排餐、中式桌菜，或是從容不迫的法餐，而便當就不會是你的首選。」

溫蒂問：「那他們之間的差別又在哪？」

我說：「差別在於，前者的目的是填飽肚子，快速充飢，有就行、能吃就行；後者的目的是享受當下，給視覺和味蕾帶來一場富足的體驗，而這正好就是『確認關係』和『持續交往』這兩者的落差。」

溫蒂反問道：「可是以這段感情來說，我一開始並沒有只想充飢，我也想吃出一番滋味，這樣的狀況也是如你所說，存在著落差嗎？」

我回：「我當然明白你想吃出滋味，誰不想呢？不過問題是，一開始你是這麼想，現在你還是這麼想嗎？如果是，那為何你繼續戀情的理由是『只要他沒犯大錯，你就永遠不會分手』呢？」

不犯錯的平淡vs.有悸動的真情

人與人之間的感情狀態，大致上可以分為兩種。

第一種我稱為「不犯錯的平淡」，非要比喻的話，它就像前述的便當、快餐，能吃就好，能飽就好，只要沒有吃到肚子痛，沒有食物中毒，你就會願意吃它。

第二種我稱為「有悸動的真情」，它給你的感覺，則是更高層次的享受和體驗，你不只是在進食和攝取能量，而是好好的吃飯，享受味覺的盛宴。

那你有想過，你要的感情是哪一種嗎？先說說「不犯錯」吧，不犯錯是我聽過，也實際見證過，多數情侶們的交往準則。

他沒有劈腿，他沒犯錯；

他沒有徹夜未歸，他沒犯錯；

他沒有失聯失蹤，他沒犯錯；

他沒有在你需要照顧時棄之不理，所以他沒犯錯。

因為他沒犯錯，所以他是個不錯的情人、伴侶、老公（老婆），那你就沒有理由和他分手。這樣的準則，聽起來很合理對吧？

然而我要請你換位思考一下，不犯錯的感情，真的是你要的嗎？你的人生有限，對愛情有嚮往、有追求，不犯錯就能滿足你了嗎？

不犯錯的車，能開就好，能跑就行，這是你要的嗎？

不犯錯的手機，能正常通話，能拍照即可，這滿足了你的需求嗎？

不犯錯的工作，有份薪水能讓你活著，你可以在社會上生存，能存活就夠嗎？

我想不用我告訴你答案，你也會回答，這才不夠，你要的遠比上述這些更多。

當你是如此思考的，也就意味著，你嚮往的感情，只有「不犯錯」是不夠的，你要的是「有悸動」。

什麼叫做有悸動？

你不只是要一台車，你要一台舒適、寬敞，安全性高的車；你不只是要一支手機，你要一台能暢打手遊，拍出漂亮照片，還能當你工作好夥伴的手機；你不只是要一份工作，你要一份有熱情，有理想，能讓你實現志向的工作。

缺乏準則，所以感情停滯不前

那如果你對生命中這麼多事物，都有自己的追求，都有自己的堅持，那為什麼偏偏談到感情你就妥協了，並且還用「不犯錯」當成唯一的準則呢？

我和溫蒂說，我發現他最大的問題在於「準則」，他的準則只有「不犯錯」，但我沒看到「有悸動」，這才是他感情中最大的隱憂，而不是遠距離，遠距離只是放大鏡，如實反映出這段關係的問題罷了。

我提了一個靈魂拷問給溫蒂：「如果在遠距離期間你的伴侶沒犯錯，但你遇到了另一個人讓你有悸動，你的感覺是什麼？」

溫蒂說：「我可能會覺得很罪惡。」

我接著問：「那面對這樣的罪惡感，你會想做些什麼？」

溫蒂說：「嗯……我會避開讓我有悸動的人，因為這是不對的，這樣太不尊重伴侶了。」

我說：「可是這無法改變，你和另一半沒有悸動的事實啊？」

溫蒂說：「那……我該分手嗎？」

我笑回：「等等，你都還沒開始努力，這樣就要分手，你不遺憾啊？」

看到這裡，我不知道你是否清楚，溫蒂在這段感情中所面臨的問題和挑戰了？如果不是很清楚，讓我為你理一理吧。

起初溫蒂因為遠距離即將發生，再加上聽了諸多親朋好友們的建議，他感到十分焦慮，也非常擔心自己很可能會分手。這些焦慮不是憑空出現，而是本就存於他內心，隱而不發，而遠距離作為一面「放大鏡」，時機來得恰到好處，讓所有潛藏的問題，一次性浮出水面了。

溫蒂的意志不堅，所以他人的意見很快就對他起了作用。在這些人的七嘴八舌中，有預設他鐵定被分的，有自己入戲比他更深的，也有人要他另尋新歡的，每個人說的都很有道理，他不知道該聽誰的，誰才是對的。

我提醒溫蒂，意志不堅不是問題，但重點是不要聽信他人預設的劇本，也不要被尚未發生的事牽動心情，你才是人生的主角，別人的想法，只代表了別人的人生，你的路要往哪走，你說了算。

溫蒂想通了這點後，他知道他人的意見只是干擾，他應該專注於自身的感受，不過當他凝神想想自己，他也才意識到，除了對方劈腿、背叛，他從沒想過「怎樣分手才是合理的」。

這也是我認為，溫蒂他所面臨的真正問題了！他是因好感和對方交往沒錯，可是交往後這段感情卻迷失了方向，他任憑自己盲目的和對方交往，卻不曾認真去想過這段感情該怎麼走？關係未來的發展方向又是什麼？

這一瞬間他也驚覺，原來自己談的感情缺乏「悸動」，這只是一份「只要沒人犯錯，雙方就該繼續談」的感情，這也正是他思路中最矛盾的地方。

改變你看待關係的方式

- ☑ 如果確認關係需要理由，那持續交往也會需要理由。
- ☑ 關係中沒有人犯錯，也不代表這段關係就應該繼續。
- ☑ 若你追求的是一份真摯的感情，那維繫這份關係，你就需要能打動你的理由。

分手準則第一條：沒有繼續下去的理由

溫蒂的矛盾，也是我發覺很多人在感情中，最終會面臨的矛盾與抉擇。我們總想著愛情應該是堅貞的，至死不渝的，若對方和我都沒犯大錯，那就不該分手。

但你是否想過，如果你真想追求至高無上的真愛，如此思考，反而褻瀆了愛情本身呢？

請注意，我不是說，你要輕易的就放棄關係，也不是說，你的努力沒用了，我要點醒你的，是你對愛的盲目執著。

所以在此，我想請你反過來思考，其實一直以來，你需要的都不是分手的理由，你真正需要的是——繼續下去的理由。

當你這麼想，你所處的感情，甚至是任何一種人際關係，自然就會變得清晰且通透，而你的人生也會跳脫停滯模式，蛻變為成長模式。

停滯模式的人生是消極的，你不主動做決定，只是傻傻的等待，等待他人犯錯，等待他人結束關係，等待他人定義你的人生。

成長模式的人生是積極的，你主動做出決定，堅定的往你想前進的方向走，你主動承擔和他人的關係，主動加溫，也主動分離，你的人生由自己定義。

你的人生若處於成長模式，那在人生的各個層面，你會這麼做：

職業生涯：你所在的公司沒有犯錯，但因為公司無法給你更大的舞台，更好的發展空間，更能體現你價值的酬勞，所以你決定果斷離職。

工作交際：下班後，同事朋友們總會約酒局、飯局、牌局，但這和你想要的自我提升相去甚遠，所以你推掉了邀約，把時間留給自己。

運動健身：你待的這間健身房沒有強迫你買課，但因為他們的場地擁擠排不到人，器材也不符合你使用習慣，所以你打算解約。

以上推論你能明白，那置換成情感，你的思考決策就是：**你的伴侶沒有背叛、說謊、欺騙你，但因為你們的感情停滯不前，維度無法上升，所以你打算分手。**

這種結合「有悸動的真情」＋「成長模式」的思考方法，也就是我想提供給你的第一條「分手準則」。

當你的感情出現什麼狀況，你該認真考慮分手？我的答案是，你應該自問，除了他沒有犯大錯之外，你還有什麼想和他繼續在一起的理由？

如果你發現自己找不到繼續的理由，或是找了理由，理由也都十分淺薄，沒有強烈的情感，那你該認真考慮分手。因為就算你不分手，這段感情也不會有起色了，它只是一灘乏味無聊的死水，繼續勉強彼此交往，也只是歹戲拖棚。

分手準則第二條：不留遺憾

我一邊告訴溫蒂我的觀點，他聽了點頭如搗蒜，不過也萌生了新的疑問，他說：「可是……因為感情停滯就和對方分手，這樣我不會很冷血嗎？」

我說：「所以我剛剛才和你說，你都還沒開始努力就要分手，你不遺憾啊？」

溫蒂一聽立刻明瞭：「原來P大你剛剛的意思是這樣。但我還是有問題，那我該付出多少努力，才能選擇分手？」

我問：「你是害怕你努力了，感情沒有改善，你的付出會沒有回報？等於是白費了？」

溫蒂說：「對，同時我也害怕，會不會我只要再多付出一點點，感情就會改善，但我卻在終點前放棄了。」

我說：「那怎樣才算是終點呢？就算你們分手了，難道這就是終點嗎？或者說他交新對象了，這是你想像的終點嗎？你仍然可以等到他分手啊！甚至是他結婚了，你也可以等他離婚，不是嗎？」

溫蒂說：「好像是這樣欸，其實只要我想繼續，我總是可以找到繼續的理由。」

我說：「所以感情的終點是不存在的，你該付出多少努力，無法用是否抵達終點來衡量。」

溫蒂說：「那我該用什麼來衡量？」

我說：「你可以用，你在這段感情中有沒有『留下遺憾』來做為衡量的標準。」

與其治療遺憾，不如現在就不留遺憾

不要小看遺憾，遺憾是一種很強大的情感，它會推動一個人去努力，但也會讓人沉溺於過去中無法自拔。

就以每個人都經歷過的考試為例吧，從小到大，我們經歷過無數次的考試，每一次的考試，都會決定我們分發到什麼學校，去向何方，要不要離家與否。

考差的人總會遺憾的想，要是當時我再多念點書就好了，要是當時我的英文再好一點，能選的科系就不同了。而考好的人，也不代表就沒有遺憾了，也許他是進入到理想的學校，但他遺憾的是，自己沒能發揮全部實力，沒有完成對自己的要求。

考試如此，談感情也是的，且感情中的遺憾更可怕，試想想看，當你對這段感情抱有遺憾，即使你進入下一段感情，甚至是結婚了，那這會給你們的關係，帶來怎樣的後果？

沒錯，你會開始和自己說：

「要是當時沒有和前任吵上那一架，今天在我身邊的人就是他了吧？」

「如果我可以更成熟，那是不是結果就會不同？」

當這些聲音變得越發強烈，你就會更加陷入悔恨和遺憾。

你以為事情就到這了嗎？

非也，如果遺憾只會讓你回憶過往，那其實遺憾也沒什麼，**遺憾可怕的地方在於，它會讓你把「本該專注於現在這段關係的能量」，分散到「過往未解的關係」。於是你會一邊和現任約會，一邊想著前任的種種，明明在和現任相處，心卻緊繫著往日舊情，那這樣的結果，是你所追求的嗎？**

當然，已發生的遺憾，也並非絕不可解，我過去就曾協助過很多學員，帶他們一步步找出遺憾的源頭，用正確的方式和自我和解，我也相信不論怎樣的遺憾，只要妥善處理，最後都能自我消融的。

但我想你也明白，預防總是勝於治療吧？如果此刻的你，現在就能做到讓關係不留遺憾，那你為什麼不馬上開始行動呢？

如何做到不留遺憾

遺憾的本質，和他人無關，而是你給自己設了一個任務，你沒有完成對自己的期許，你沒有遵守對自己的承諾。

所以想要不留遺憾，你就得要：

- 把未完成之事，轉變為已完成之事
- 把未盡全力之事，轉變為已盡全力之事
- 把未表明的想法與感受，轉變為真誠無礙的交流

解決遺憾的最佳路徑，就如《灌籃高手》中的櫻木花道所言：「老爹，你一生中最光榮的時刻是什麼時候，全國大賽嗎？我……我只有現在啊！」

你只有專注於現在，全力以赴，才能不留遺憾。

不過我也要提醒你，不留遺憾和「不顧他人，只想成全自我」是不同的，以下三點，是我整理出很多人容易混淆的誤區。

1. 不留遺憾，不等於衝動魯莽

最容易和不留遺憾混淆的概念，我想就是衝動和魯莽了。

曾有人問過我，我們要怎麼知道一個人有沒有戀愛經驗？我當時給他的回答是，看他是不是常常想用衝一波的方式告白。

為什麼我會這樣判斷呢？

你想看看，人與人之間的溫度，是不是透過相處慢慢加溫的？

換句話說，如果你有用心在這段關係，透過溫度增減，你就明白你們現在的關係到哪。

也因為你明白，當你察覺感情昇華到某個程度，你自然會想著「該是時候確認關係了」，但你絕對不會想「衝一波告白」。

衝一波，意味著你對關係的理解很淺，也沒有去正視你們相處的種種，你只是想貪圖方便，魯莽的靠運氣拼一個幾乎不可能在一起的機會。

而當你這麼做了，對方也會知道，其實你根本不在乎他的感受，你只在乎你自己能否脫單，於是你自認聰明的魯莽，反倒弄巧成拙，留下了衝動的遺憾。

告白是這樣，感情中任何一個決策也都是的，**當你發現自己想「衝一波」，那這八成不是一個理智的決定，你只是被氣不過、耐不住、求不得的匱乏給驅動而已。你得思考過再行動，不經思考的魯莽，往往只會帶來誤會更深的關係，更加深你的遺憾。**

2. 不留遺憾，不等於傾倒感受

一段關係會走到盡頭，除了個性不合以外，更常見的狀況是倆人都在猜對方的心，卻沒人願意表達真實的感受。有苦不說，明明不爽卻要裝沒事，有委屈全往肚裡吞，那長久下來的積怨，就必然造成分手。

感情要健康，前提一定是坦然，我告訴你我在意什麼，你也向我揭露你在意什麼。然而此道理說來簡單，表達感受卻著實不是件容易的事，因為它太容易和「傾倒感受」混淆了。

什麼叫做傾倒感受呢？

你可以想像一下，某天你到餐廳吃飯，你點了一道功夫菜，滿心期待的等菜上桌，結果端上桌的竟然是一碗大雜燴，甚至裡面的食材都是生的，沒處理也沒料理過，你的感覺是什麼呢？

一定糟透了對吧？你點的明明是宮保雞丁，來的卻是生雞肉、花生還有蒜頭，餐廳還振振有辭的說，這就是宮保雞丁的原材料啊，他們只負責上菜，烹調得由你自己動手。當狀況如此，你還能好好用餐嗎？

這種行為，就是我所稱的「傾倒感受」，你沒有去整理自己的情緒，只是一股腦的想把它倒給別人，然後期待別人能理解混亂、暴怒、崩潰、哀絕的你，這怎麼可能呢？

如果你明白了何謂傾倒感受，那你就能理解為什麼很多人總會在爭吵時提出分手。他不是真的想分手，而是他內在的感受太過紛亂混雜，既不知道如何梳理，也不知道怎麼表達，一股腦全倒出來，就把分手二字脫口而出了。

也因此，**一個總把傾倒感受誤解成表達感受的人，他在關係中，一定會不斷遭遇被誤解、不被理解，同時也傷害對方，造成感情破裂的結果。**

3. 不留遺憾，不等於自私

最後一點，也是最難懂的一點是，你不是為一己的私慾，所以才想要不留遺憾，你為的是「這段關係的本身」。

你知道如果這段情結束得不明不白、無疾而終，那你們終究都無法真正放下彼此，好好認真的生活。

只要有一方放不下，仍有掛念和不捨，那關係就很有可能再續，再續未必是壞事，但卻非常容易把無辜的第三者（你的現任、他的現任）也牽連進來。

相反的，當你們把感受說清楚了，矛盾給解開了，雙方都展露了真實的自我，關係就會從「未完成」變為「已完成」。

在此請留意，我知道你可能會以為，已完成的關係就代表著分手了，但分手只是已完成的其一。我給已完成的定義是，你們那撲朔迷離、糾葛不清的關係，終於塵埃落定，迎來了「確切的結果」。

你們仍可能會分手，但沒有絲毫不甘心，沒有悔恨與落寞，只有心甘情願的成全；你們也可能會變成朋友，但這次是真正的朋友，不再是假朋友為名的備胎了，你們能安適在恰好的位置，自在的交流；你們也可能繼續交往，關係比從前上更一層樓，享受著更親密和真摯的情感。

為什麼你需要不留遺憾

☑ 因為你想讓關係能「被完成」，雙方才可以得到確切的結果。

☑ 如果遺憾未解，那它將會影響你的未來，使你無法投入新的關係，或對新關係造成負面影響。

☑ 不留遺憾，你的人生才會成長和前進，而不是活在懊悔之中。

分手準則第三條：不可承受之痛

第三條準則是看似最簡單，卻也最需要你好好深入自身感受，才能運使自如的準則，叫做「不可承受之痛」。

談過感情的人都知道，當你想要和一個人建立關係，在過程中你一定會感到疼痛。

這些疼痛可能有：

1. 認知差距的痛：你以為你們很相像，但越認識發現你們越不同
2. 不被信任的痛：你覺得自己坦蕩而真實，可是總換來對方的猜忌和質疑

3. 被背叛的痛：你付出全心全意，某天他卻用出軌來回報你

痛的種類是如此繁多，要一一列舉，可以有無限多種，我將其先統稱為「不可承受之痛」。

不可承受意味著，當某件事情發生，引發了你某種內在情緒，使你無法繼續相信這段關係會變好，使你喪失堅持下去的信心，甚至你一想起那件事，就會感到極度的難過、憂傷、失望。

這些情緒太過龐大，像海嘯般襲來瞬間就把你吞沒了，你無法再好好的照顧自己，也為此影響到你的生活、工作，那麼這就說明，是時候你該放下，或淡出這段關係了。

當然我也知道你肯定要說，聽起來「痛」是很個人的主觀感受，那如果我的耐痛度很低，不就會輕易分手？耐痛度高，不就怎樣都分不了嗎？

以下，就讓我用幾位學員的案例，為你把痛給說分明吧。

痛越深，不代表愛越真

我觀察過很多「持續互相傷害，數度說要分手，卻怎樣都分不了手的情侶」，我發現他們具有的共同特質是，他們一致認為，痛越深，就是愛越真。

我有位學員文安就是這樣的，他在愛情中苦苦掙扎了數年，想脫離又捨不得放手，就是因為他看待疼痛的觀點把自己給絆住了。

當時我就問他：「為什麼你明明這麼痛苦，卻還想繼續這段感情呢？」

文安說：「因為我相信，我之所以會感覺到痛，是因為我深愛對方，我會痛，也代表我還活著。」

我說：「那你應該繼續享受這種痛苦才是，畢竟越痛你就越愛，苦中作樂，也不失為一種愛情的體驗，不是嗎？」

文安苦笑：「我知道自己很矛盾，可是真的想不到能怎麼辦，所以想請P大給我一些建議。」

我：「那讓我換個方式問你吧，先不談這段關係的問題。你愛自己的貓嗎？」

文安：「當然，我很愛牠，愛到不能再愛了。」

我：「那你怎麼沒有想過傷害牠？你給牠越多傷，就代表你給的愛越多啊？」

文安：「可是這樣我不就變成虐待動物了嗎？愛和虐待還是不一樣的。」

我：「那就對了，所以你應該要反思的是，目前你所遭到的對待。你確實在這段關係中感受到愛沒錯，但如果一個人真的愛你，那為什麼他明知道你會痛，還持續讓你痛徹心扉呢？」

我認為所謂的痛越深，愛越真，只是一個人不願意面對感情的真相，所以用來欺騙自己的藉口。但不是所有人都願意面對真相的，面對真相代表，你得去承認你們現在的感情，確實是今不如昔了，你們的感情確實在倒退、消解，甚至是崩壞。

因此所謂的「痛越深」，其實源自於你把「過去和伴侶的親密無間」，拿來與「現今你們的貌合神離」做比較後，這種巨大的落差感，才是帶給你強烈的疼痛主因。

文安再問：「那這樣說，我們的愛難道不真嗎？」

我說：「愛沒有真假之分，但有濃淡之別，過去你們每一刻的愛都是真的，現在也是真的，你們以前是真的親密，現在是真的很疏離。」

文安經我這麼一點，阻塞他已久的心結，茅塞頓開，不再用痛來麻痺自我，也不再逃避面對感受，而是能勇敢面對感情中真正困擾他的問題。

為了幫助文安釐清問題，我也給了文安一套思考系統，讓他在處理關係時，能避開檢討自己，以及檢討對方的誤區，因為那都不是處理關係，讓關係能轉換到「已完成」的關鍵。

已完成的關鍵是，你面對關係中發生的爭吵、磨合，你有沒有更了解自己要什麼，而你要的和對方要的又有何不同。

數週後，文安和我說他分手了，但他的語氣沒有掙扎，取而代之的是平靜和釋然，他說：「雖然我們最後還是分手了，可是這一次，我們都沒有再把分手當成要脅，或是用分手宣言來傷害對方。我們一起吃了最後一頓晚餐，當天的氣氛很好，我們聊起了從前的美好，但沒有感傷，感覺就像是一起旅行很久的旅伴，因為目標不同，所以將告別彼此，各自遠行了。我對這關係不再有遺憾，我想對我來說，這就是這段關係最好的結局了。」

痛苦的意義

現在我想你明白，到底疼痛的存在，對一段關係來說是為何物了吧？

每一分疼痛的背後，都是一份記載著這段感情的書信，它未必有定論，但它忠實的紀錄感受，反映想法，讓你具備足夠的資源，能夠為這段關係做出無悔的決定。

每次痛苦的來臨，都是你自省的好機會，它幫助你把這段關係，從「未完成之事」變成「已完成之事」，所以請不要把痛苦當成敵人，它是能提醒你，給你啟發的好朋友。

不過痛苦雖然有諸多好處，但如果你的耐痛值過低或過高，我也要請你小心，你的內在一定出了某些問題，才會讓你的「痛感失靈」。

首先說說低痛感，低痛感的意思是，你對痛感的耐受力異於常人的低，只要關係中發生一點小事、小爭執、意見不合，就能輕易的驚擾你，讓你想做出分手的決定，於是這使得你無法和任何人發展長期且親密的關係。

高痛感則相反，你對關係的忍受度高到不可思議，對其他人來說足以毀滅關係的事件，你都可以吞忍、無視，和伴侶相安無事的繼續相處，這世界似乎沒有任何事足以讓你感覺到痛，所以你一旦進入關係，就很難會談到分手。

我猜有些人會想，那聽起來不論是低痛感還是高痛感，好像都有各自的優點，陷入兩種狀態的其一，倒也不是壞事。

就比如說，低痛感，讓你有明確的原則可以篩選伴侶，合則來，不合則去，好聚好散這不是很棒嗎？

而高痛感也挺不賴的，它讓你面對任何打擊，都能堅守本心，不輕易道別，那也能成就至死不渝的堅貞情感？

若你的想法是如此，那我必須告訴你，很可能你的痛感機制已經失靈了，所以你才會分不出其中的差異。

低痛感的人是混亂的，你的地雷時刻在變，感受沒有一套穩定的標準，你甚至都無法預測自己會因何事而生氣、沮喪、難過，這和有原則相去甚遠。

高痛感的人則是麻木的，你不是沒有地雷，而是你太習慣隱藏想法，太習慣把感覺悶著，並騙自己說你沒事，這也不是健康的狀態。

當一個人的痛感失靈，伴隨而來的是，他無法正視自己的需求，也無法妥善處理好關係中的大小事，除非他讓自己的痛感回復正常，否則就算他偶然遇到了好對象，碰巧擁有了一段好感情，他也無法把握住幸福的。

悄無聲息的劇痛：理解鴻溝

發現自己被背叛很痛嗎？發現伴侶背著你說你壞話很痛嗎？你曾經向他袒露的軟弱，某次竟被他拿來當成攻擊你的武器，這讓你痛不欲生嗎？

以上這些疼痛對大部分人來說，一旦在關係裡發生，帶來的打擊都是毀滅性的，所以當遭遇這些痛，理智尚存的人都會明白，也許是時候分手了。

但有一種疼痛，是悄無聲息，無影無形，卻真實存在，並且痛入靈魂深處的，我稱這種痛為「理解鴻溝」。

朋友小雨也是因分手拿不定主意，前來找我商量，當時我也問了他和文安一樣的問題：「如果一個人真的愛你，那為什麼他明知道你會痛，他還持續讓你痛徹心扉？」

小雨想了想回應：「那如果對方不知道我會痛呢？」

我說：「你認為他根本沒意識到，他自己正在傷害你？」

小雨說：「是啊，或許他根本沒有想傷害我，他是無辜的吧？」

我說：「你可以這麼想沒問題，但這個狀況，可一點都沒有比蓄意傷害還來得好。」

小雨問道：「可是蓄意傷害不是更嚴重嗎？他蓄意，代表他不在乎我，他不是蓄意的，代表他沒有惡意啊？」

我說：「一個人要蓄意傷害你，前提是他理解你，他知道你的在乎，知道你的憤怒，知道你的焦慮，所以他可以輕易的就激怒你，**但如果一個人和你相處了那麼多年，他連怎麼做會傷害你都不知道，那不就代表他一點都不理解你嗎？**」

小雨沉默，我繼續說道：「所以事情的真相是，你的伴侶並不理解你，你們之間存在著理解的鴻溝。」

在我給小雨點出他的相處問題後，過了數日他和我說，意識到理解鴻溝後，這對他的打擊非常巨大，劇烈的痛感讓他從夢中清醒，原來談了這麼多年的感情，他都是在自欺欺人。但小雨並不想留下遺憾，他決定再為這段關係努力一次，好好的把話說開，完成未竟之事。

【關於如何跨越理解鴻溝，關鍵是你得傳遞理解的意願，詳見 Part 3為什麼剛在一起總無話不談，交往久了卻無話可說】

痛苦在關係中的意義

☑ 不要以為痛越深就是愛越真，痛苦是一種提醒，提醒你得去正視關係的問題。

☑ 痛和愛並不劃上等號，所以不是所有痛，都值得你無底線的去忍受。

☑ 如果某人總是讓你痛苦，但他卻不自知，那你得認知到，你們的理解存在鴻溝。

訂定專屬你的準則

以上，就是我認為能夠幫助你，當關係發生或沒發生什麼，你可以如何做出決策的重要準則了。

敏銳的朋友可能已注意到，我沒有揭曉每個故事的結局，也沒有為你設定一個絕對正確的標準。

之所以這麼做，是因為我並不想把任何的個人喜好施加於你，或只是簡單的給你一個SOP，讓你照著我規劃的劇本走。

如果是那樣，那你只會成為我，照著我的想法去談感情，這並非我所願，我對你的期待是，你能活出自己的人生，談自己嚮往的感情，構築你理想的關係。

也因此**你需要的，就不是別人認為正確的答案，而是專屬你自己，讓自己能無悔的解答**。

這份解答不會輕易浮現，它需要你有清晰透徹的「自知」，在自知的孕育下，解答才會應運而生。

由於自知是一門大學問，人要做到完整的自知，不是僅憑閱讀就能做到的，你還需要潛心用正確的方式練習，也需要專業人士的引導，在此讓我先略過。

不過我也知道，你仍希望得到一些指引，能幫你釐清關係現狀，做出無愧於心的決定，因此我為你準備了以下幾個問題，你能透過自我提問逐步的檢視自我。

我要請你思考的是：

1. 你能否分辨，旁人給你的感情意見，哪些有其道理，哪些他們帶入了自身想法，哪些則完全不可採納？

2. 你所談的感情，是不犯錯的平淡，還是有悸動的真情？

3. 對你來說什麼叫不留遺憾，怎樣做你才能不留遺憾？

4. 你認為什麼叫做疼痛，痛苦帶給你的意義是什麼？

若你的自知尚處萌芽期，並不知這些問題的答案，只能給出模糊的回答，得出迷迷糊糊的感受，那你的決定必然是倉促的、殘缺的，但若你的自知完整，感受清晰，那在經歷一番審慎思考後，必能得出屬於自身的解答。屆時不論你的決定為何，你都能保持無悔、無憾，安定的心，實現你想要的關係。

PART 11

什麼是真正的幸福快樂？該從哪開始建構？

追尋幸福是人的本能，不論你談的是初戀、愛情長跑，或即將成婚，百分之百都是奔著幸福而去的，世上絕不會有人說，我想要談一段不幸福的感情。

然而即使大家的初衷相同，命運卻總是作弄人，人們也許都曾體會過幸福，但幸福始終無法長久，就算是現在身處幸福的伴侶們，恐怕也很少人能和你保證，明天他們會繼續幸福。

也因為這樣的集體悲觀作祟，越來越多人不相信愛情，他們心裡總想著，反正愛情就像一顆氣球，不論你如何呵護它、照顧它，終有一天它會破、會因漏氣而乾癟，那倒不如在它美好的時候好好享受，沒氣了換一顆就行。

我不這麼看待幸福，我認為幸福雖沒有命定的永恆，但它是可以由自己去創造的，只要你知道創造幸福的法門，那環繞你的幸福就可以是永久的。

因此本章節我會為你說明，什麼是真正的幸福，幸福怎麼來、怎麼走，如何昇華、又該如何創造。

比較可以帶來幸福嗎

要理解幸福怎麼來，我們得先解決一個世間流傳已久的難題——幸福是不是透過比較而來。

長久以來，這是一個眾人爭論不休的話題，曾有份實驗就顯示，人們的幸福，會在收入達到七萬五千美元後達到頂峰，一旦超過此上限，有再多的錢也不會快樂。

但這幾年又有更新的研究表明，越有錢的人真的越快樂，超級富豪對生活的滿意度，遠高於年收入六位數美元的普通人。

不過本文不是要探討收入對幸福的影響，我們要談的是，幸福真的可以透過比較而來嗎？

比如你看到曾經的同學小明，當年你們成績不相伯仲，但多年後的今天，他的收入是你的兩倍有餘，你的幸福感因此減少了嗎？

如果你的答案是YES，那當立場互換，坐擁更高薪工作的人其實是你，你的幸福感倍增了嗎？

我們也可以不單比較薪水，人能比較的項目太多了，隨手舉例至少就包含了：

- 誰更早當上管理階層
- 誰先買到人生第一間房
- 出國旅遊誰的艙等更好
- 度蜜月誰的行程更奢華
- 誰的車更昂貴和氣派
- 誰的求婚更盛大
- 誰的結婚排場更華麗

人生在世是無所不比的，只要是可量化、視覺化的事物，都能淪為比較項目。

我曾聽過堅信比較能帶來幸福的人說：「我比贏了當然快樂，這證明我更幸福啊！」

相信比較不能帶來幸福的人則會說：「那如果你輸了呢？人生怎麼可能永遠贏下去？」

這時前者就反駁了：「照你這樣說，只要我一直贏下去，不就可以獲得永恆的幸福，那我就讓自己永遠都是贏家，幸福不就是手到擒來了嗎？」

辯論至此，後者開始隱約覺得，這好像也有幾分道理，輸會帶來不幸，那永遠不輸就行了，不是嗎？

正確的比較：用自身感受來比

學員浪浪是自認生活過得不錯，和伴侶的感情尚可，但被比較給困住的人，他問我：「雖然很多人都說，比較不會帶來幸福，可是當我聽到前任過得很差，我真的覺得自己更幸福了，這樣的想法是匱乏的嗎？」

我說：「那你看到了什麼呢？怎麼會有這種感受？」

浪浪說：「我聽朋友說，他和我分手後不到一週就交了現任，現任不像我對他那麼包容，兩人常因為小事大吵，好幾次甚至在餐廳吵到已經點了滿桌菜，雙方一口都沒吃就走了。」

我說：「所以你認為，對前任來說，你比他的現任更好嗎？他應該要很捨不得你才是？」

浪浪說：「有一點這種感覺，可是同時我也覺得，還好我和他分手了，我和現在的伴侶相處很融洽，比起從前真的幸福多了。」

我說：「從你的狀況來說，你有一半的想法是匱乏的，但另一半不是。」

浪浪不解：「P大的意思是，我的比較一半對一半錯？」

我說：「是的，你有好的比較，也有壞的比較，好的你應該留下，壞的你應該放下。」

接著我為浪浪開始說明，什麼叫做「好比較」和「壞比較」的分別。

先說壞的比較吧，如果浪浪把「現任」和「前任」拿來做比較，這是不合理的，也不具意義的。

不合理的原因是，每個人的靈魂都是獨一無二的，就像你不會比較「哈利波特」和「炭治郎」誰比較英勇，拿兩個無法比較的主體來比，怎麼比對雙方都不公平。

但**比較也可以是好事，如果你比較的是「自己的感受」，你在上一段感情感受到「遍體鱗傷、痛徹心扉」，在這段感情中感受卻是「如沐春風、默契無間」，所以你認為這段戀情的幸福感，遠多於上一段感情，這樣的比較就一點問題都沒有。**

浪浪再問：「可是聽起來，好比較和壞比較還是有部分相同，比如說我現在感受很好，那是因為現任很體貼，以前感受不好，是因為前任很自私，那比較的對象，依然是前任與現任啊？」

我說：「你的說法是有缺漏的，因為你已經假設了，你的幸福完全來自於『你選擇的對象』，所以好對象帶來好感受，壞對象帶來壞感受，但實情並非如此，你的感受並不單由對方決定，感受的形成，是由當下的你，和那瞬間身邊相處的人，你們一起創造的結果，不是一個人就能決定的。」

浪浪說：「所以我前任過得很差，這件事和我無關對嗎？」

我說：「沒錯，無論他過得怎樣，那都是他自己的個人體驗，和你沒有關係，也不需要牽上關係。」

浪浪續問：「但我回憶起從前和他的種種爭吵和不愉快，對比現在我感覺到的幸福，這種比較就是合理的了？」

我說：「完全正確，所謂的合理是，你專注於自己的感受，不論是過去的痛苦，或是現在的快樂，那都是從你自己的角度出發，從中感受到的體悟，這份體悟是真實的，你不評斷和比較他人，也沒有任何人能評斷你。」

如何做到正向的比較

- ☑ 你可以比較自己的感受，反思上段關係和這段關係，你分別經歷了什麼。
- ☑ 透過比較，你會更加理解自己的喜好，認識自己的需求。
- ☑ 但如果你比較的是前任與現任，這種比較是毫無意義的，因為每段感情的體驗都是由雙方共同創造，把不快全歸咎於某一方，這樣的思考有所缺漏。

犒賞自己，就能讓自己幸福嗎

現在你明白了，幸福不是透過「比較對象」而來，也不是透過「比較外物」，而是透過「比較自身內在感受」，那你就能進一步去理解，你自身對於幸福存續與否的重要性。

那什麼叫做你自身呢？讓我們暫時拋開伴侶和關係，把注意力先聚焦在「自己」。

當你獨身一人時，你知道如何讓自己幸福嗎？不談太深奧的例子，就說「犒賞自己」吧，你認為犒賞自己，是一種讓自己幸福的方式嗎？

先說我的見解，我認為一個需要犒賞自己的人，他本身就是不幸福的。我知道這說法和你平時的認知大相逕庭，以下就讓我為你分析吧。

試想，如果你正吃著你最愛的美食，你會說，待會我還要再去吃到飽「犒賞自己」嗎？不會，因為此刻的你，已經身處犒賞中，如果你還需要再去消費吃到飽，那是因為你想追求不同的體驗，但這和犒賞無關。

但什麼人會想著，我要好好犒賞自己？以多數人的日常為例，答案是，工作正處於煩悶、壓力，折磨的人，他們需要犒賞，來平衡自己痛苦的人生。

有些人想到此會困惑：「可是人生不就是這樣，要追求工作和生活的平衡嗎？」

非也，我認為人正是因為有這樣的思考，所以才讓自己陷於痛苦中，卻全然不自知。

何謂平衡？用吃美食來比喻，我所定義的平衡是，你今天到餐廳消費，你吃完清爽開胃的前菜沙拉，下一道菜主廚為你準備了油脂豐富、香氣濃郁的A5和牛。

「清爽的拉沙」加上「濃郁的肉料理」，兩者琴瑟和鳴，共築了更高層次的美味，那你可以說，這次的用餐體驗，達到了「完美的平衡」。

可是你絕對不會說，第一道菜是清爽的沙拉，第二道菜是臭掉的抹布，一道好吃，一道不好吃，這叫做完美的平衡。

平衡是好上加好，不是好壞互抵。此邏輯你可以搞懂，那你就能明白，為什麼我說「總是說要犒賞自己」的人，他是無法讓自己幸福的。

真正完整的幸福，應該是能從工作感到幸福，從生活體會幸福，假日也能有幸福相伴，人生由不同類別的幸福交織，那才是「完美的平衡」。

共創幸福，才會迎來幸福

以上的舉例，只是關於「自身」最簡單的例子，讓你明白，當你對自己一無所知，別說他人，要讓自己幸福起來都很困難。

自己是如此的重要，所以我才要請你把注意力聚焦在「你的自我」，因為幸福是一種「關係中兩人共同創造的體驗」，要是你一直把注意力放在別人身上，那忽略自己的結果就是，你永遠抵達不了你嚮往的幸福未來。

我猜你是第一次聽到「共創」的說法，為了讓你明白其深意，讓我用親身的體悟，說明共創是怎麼一回事吧。

有次我和娜莎到台東旅行，途中經過了一間海景咖啡廳，我點了一壺紅茶，娜莎點了一份甜點，我倆就這樣一起望著海，享受寧靜。

我本是一個不太吃甜食的人，但娜莎吃了一口甜點後大呼美味，要我也吃一口，直說我一定會喜歡。

老實說在入口前，我一點都不覺得這份甜點有何特別，那是一道冰淇淋布朗尼，布朗尼我吃過，冰淇淋我也嚐過，如此普遍的味道，組合在一起又有何新意呢？

沒想到吃了第一口，我瞬間就驚覺，天啊，這也太好吃了吧！

第一重味道來自香草冰淇淋，觸碰到舌尖的甜味恰到好處；

第二重味道是布朗尼的傑作，烘烤過正散發熱氣，微微冒煙的布朗尼，提供了巧克力濃厚的微苦韻；

第三重味道是果酸，來自最不起眼的鳳梨果乾，稍稍咀嚼後，果乾風化後的果香在口中綻放開來。

當天那份甜點，很快就被我們一掃而空，後來一路上我一直在想，為什麼普通的布朗尼配上冰淇淋，兩者可以彰顯出如此美妙的滋味呢？

是因為海景增添了美味嗎？不，海景的加分是錦上添花，但即使沒有海景，那道甜點依然可口。是蜜香紅茶的功勞嗎？也不是，那是另一層次的美味沒錯，但撇除紅茶，甜點本身就夠好吃了。

最後我得到的結論是，美味的源頭，是這道甜點的融合度太完美了！

它同時具有冰涼與燒燙的口感，有鬆軟和綿密的搭配，有甜味和苦味的協調，有濃厚香味與清爽果酸的組合，更重要的是，這道甜點沒有誰是主角，沒有誰特別搶戲，合作無間的結果，就是冰淇淋與布朗尼，「共同創造」了絕品美味的體驗。

甜點是這樣，談感情的道理也是一樣的，**你若想感覺到幸福，就不能只是「接近幸福」，你必須去創造幸福，讓自己融入到幸福本身，當你和幸福融為一體，那你就是幸福的。**

創造未來的人 vs. 參與未來的人

人們對幸福最大的誤解是，幸福是掛滿在樹上的碩果，只要你尋到那顆幸福樹，採摘果實就能品嘗到幸福。

也有人對幸福的概念是，幸福完全由「外境」決定，只要自己選到好對象，取到好老婆，嫁給好夫婿，屬於你的幸福就會降臨。

很遺憾，我必須告訴你，這些都不是幸福的真相，**如果幸福是要採摘果樹，當果樹不在，幸福也就不存；如果幸福由外境，比如某人、某環境來決定，當人變了，環境變了，幸福一樣會消逝**。

在關係中，唯一獲取幸福的方法，就是「由兩人一同共創」。

然而共創聽起來很簡單，做起來卻很難，因為其中有太多的誤區，只要稍有不慎，幸福就無法成型。

在此讓我先為你定義，什麼叫做共創。共創的意思是，你們針對彼此的到來，設計了一份新的人生藍圖，這份藍圖不單是為了你，也為了他，更為了「這段關係」而存在，如果藍圖是由一方創造，另一方只是參與者，這份藍圖是行不通的。

我知道藍圖兩個字很嚇人，特別是對那些交往不久，或是才剛確認關係的人，現在關係都還不穩定，談藍圖會不會太早了啊？

其實正好相反，設計藍圖的過程，本身就是一種雙向探索，正好讓你可以更認識自我，也更理解對方，這是想實現「無條件信任」的途中，絕不可或缺的歷程。

那什麼是「創造者」？「參與者」又是什麼呢？

從最簡單的思考來說，你可以問自己：

「你們的未來，是由你決定的，還是由他決定？」

「你們口中的理想，有你自己的個人意志，還是他設定目標，你只是實現目標

的人？」

如果你們是共同創造者，我會說你們的關係好極了，請繼續保持這樣的相處；如果你們是一人創造，另一人執行，我會說關係需要調整，以免一人淪為另一人的附庸；如果你們是兩人都沒創造，卻分別埋頭默默執行，我會說這段關係岌岌可危，需要深度溝通，否則分離只是分秒間的事。

我知道這些差距微乎其微，甚至在我點破之前，很多人根本不覺得這是問題。然而事實恰好相反，就是這些微小的差距，才會讓伴侶在關係中走上分岔的十字路口，兩人走著走著某天猛一回頭，才發現對方的身影早已消失在遙遠的彼端。

用職場生態來比喻，創造者是「公司老闆」，參與者是「員工」，老闆作夢，員工執行。當公司成長，實現了老闆的雄心壯志，老闆會感到雀躍，可是對員工來說卻是沒有分別的，因為員工僅在意薪水和福利。

但如果你的身分是共同創辦人（合夥人），那你看待事情的觀點就不同了，你不會把公司獲利放在第一優先，福利於你而言意義也不大，你真正在乎的是，這間公司有沒有如草創初期，實現你和合夥人一起描繪的願景。

（這裡只是用比喻讓你理解，但公司和談感情還是有不同的，比如公司內大股東有決策權，談感情卻不是這樣運作。）

身為參與者，不論你在藍圖中做了多少事，盡了多少力，你實現的終究只是別人的夢想，而非自己的，隨之而來的結果就是，你無法從中感覺到幸福與熱情。

而且更有可能發生的是，你根本無法堅持努力，因為欠缺藍圖的指引，你看不清目標，就算創造者給你指路了，目標對你而言也不具吸引力，那你又要如何產生動力呢？

然而**身為創造者，你的感受就截然不同了，你是為了自己藍圖而努力，你付出的每一分心力，都在促成藍圖的實現，那你甚至無需等到藍圖實現才會幸福，光是在往藍圖靠近的途中，幸福感就已充盈你心。**

如何共創幸福？從現在開始

藍圖不必很宏大，即使你們著眼的是「下星期的小旅行」，兩人一起構思此趟旅行，這也是一種共創未來。

事實上，這也才是合理的設計，因為龐大的未來，本就是由點滴的生活拼湊而成的，專注生活，藍圖自會成形。

不過在此請注意，我不是要你們急著去「規劃行程」，或開始找飯店，排景點，這些都是非常次要的東西，不是共創幸福的關鍵，關鍵還是在於思考與交流，所以你們得自問：

- 我們想從這趟旅行得到什麼體驗？
- 這趟旅行對我們的意義是什麼？
- 為什麼我們需要出門旅行，在住家附近繞繞不好嗎？
- 我們在旅行中，各自扮演哪些角色？

這些問題背後的答案，才是你們能否共創幸福的關鍵，只要答案不同，那你們的幸福感就會大幅降低，這遠比飯店和景點重要多了。

我也先提醒你，你在思考的時候，必然會碰到一個分歧，你會開始困惑：「說了那麼多，好像我們做什麼都得一起，難道旅行不能各自找尋意義，非得把兩人綁在一起嗎？」

坦白說，當然可以，**你們當然可以各自找尋意義，但那就不叫做「共創」，甚至你們都不該被稱作伴侶，你們只是「兩個喜愛獨旅的人，恰好找到可以分擔住宿費的陌生人罷了」**。

某次我說明完共創的觀念後，一學員就問：「這聽起來好困難，要共創，兩個人的觀點不就得磨合到一致，可是兩個人的思想本來就不同，怎麼可能一致呢？」此學員的提問，就是典型對共創會有的誤解，很多人會以為，共創要實現，兩個人的思想得完全同步，但實情並不是這樣的。

以我和娜莎為例，我們日常總喜歡逗嘴，那也是我倆旅行中的一大樂趣，在那當下，我扮演的角色是調侃者，她扮演的則是反調侃者（可理解為相聲中的逗哏與捧哏，或是脫口秀的雙人搭檔），沿途一搭一唱，橫生的趣味就在言語間輾轉來回，那種感覺就好比我們共同完成了一齣精采大戲。

那你說，我倆的想法是一致的嗎？大方向是一致的，我們都享受拌嘴的快樂，所以有時我拌她，有時又輪到她反擊，不過在細節上，我們用以相處的角色得協調，才能創造美妙的表演。

共創的真義是「一起編織美好的未來」，以你們的信念為線，信任為針，一針一線織出名為未來的美麗藍圖。

也因此我當時給學員的回答是：「思想不同也無妨，思想本來就要不同，碰撞出來的火花才會美麗，但你們對未來得要有共識，那搭配在一起才是協調的演出。」

協調不是你描繪未來，他負責實現，如此他只是你的附庸；協調也不是你唱你的，他唱他的，你們互不相讓，搶奪關係的主導權。

協調，是你們一起共創和編織未來，你是鋼琴，他是小提琴，協奏出美妙的樂章；協調，是完美無間的雙人組合，你是主角，他也是主角，你們互相需要，也互相輝映。

真正的幸福來自共同創造

- ☑ 幸福不是某一人單方面的給予或接收，也不是一方主導另一方執行，幸福是兩個人齊心協力創造的結果。
- ☑ 如果你只是關係的參與者，那你能體會到的幸福是極其有限的。
- ☑ 當你能成為關係的創造者，在創造的過程中，你就已經為自己帶來幸福了。

無法共創，是因為失去自己

既然你明白了未來需要共創，大至決定同居，小至一次旅行皆可稱為共創，那屬於你們的幸福體驗，從現在就可以開始了。

每次我和情侶們談到，你們得一起共創未來，總是常有人問我：「從哪開始才是合理的？怎麼做比較適當？是要同居嗎？還是要計畫結婚？」

我的建議一律都是，從現在，最微小的事件開始最合理，你們應該一起去編織，晚上的那場電影，明天想去的咖啡廳，下個月三天兩夜的小旅行。

你想怎麼安排，你都是對的，對伴侶來說也是，但請千萬要記得，你們是未來的「共同創造者」，沒有誰要順著誰，也沒有誰要依附誰、適應誰。

這對於曾有創傷經驗的人，起初並不容易，特別是那些習慣討好的人，他們過往的人生中，本來就很少為自己的人生做決定，當你已習慣聽從別人的發號司令，忽然要你提出想法，腦袋會一片空白也是很合理的。

我有位朋友若泉就是這樣的，若泉從小生長在長輩非常強勢的家庭，自小他就養成了長輩說一，他不敢說二的習慣，求學階段的大小事，也全部由家人定奪，直到出社會後離開家裡，他才對人生有了一點掌控。

原本他以為脫離原生家庭後，自己就可以大展拳腳，做任何想做的事，但在社會打滾了幾年後他才驚覺，現實非他所想，他是自由了沒錯，但只是物理上的自由，心卻不是自由的。

以談感情為例，他嚮往的一直是互敬互愛的關係，可是他因為性格易服軟，又常會自我懷疑，每次遇到的伴侶都是強勢、主導性強，高度自我中心主義的。

若泉本已做好心理準備，也許他這輩子就是適合和這類人在一起，犧牲自己成全對方，可能就是他的宿命了。直到他聽到我的共創論，心裡頓時才明白，犧牲是沒有用的，因為不論是犧牲還是成全，最終也只是實現他人的藍圖，而不是自己的，那他永遠不可能體驗真正的幸福，他決定要做出改變，請我協助他重塑性格，他想變得更有自信，以便能實現「共創」。

交往前有目標，交往後失去目標

若泉說：「有沒有什麼方法，可以讓我能坦率的表達自我，不再因為別人強勢一點，或碰到有主見的人，我自己就縮回去了？」

我說：「你要表達自我，前提是你得有自我，那才會有可以被表達的東西，所以你得先喚醒自我，那才是你要做的第一步。」

為了幫助他喚醒自我，我請若泉詳述他的交往經驗，在每段感情中，他是如何和伴侶相處的，很快的我就從他的經歷中發現，若泉的角色是殘缺的，特別是夥伴的角色，所以他的自我才會時有時無。

我分析給若泉聽後，若泉說：「角色殘缺，那我該做些什麼，才能找回角色？」

我說：「先不急著做，你要做的是覺察，我要請你去探索，你和這幾任對象交往時，夥伴的角色何時出現，何時消失。」

由於探索需要時間，也需要明確的指引，所以我給了適合若泉的探索方法，請他每天晚上好好覺察，自己的角色何時丟失了。

相隔兩週後，若泉帶著他的發現和我說：「我發現自己在交往前，還算是很有主見的人，不管是要去哪、做什麼，還有感情發展的節奏我都有自己的想法，可是進入關係後，主見就消失了，我會變得很想迎合對方。」

我說：「這種迎合感是怎麼來的呢？為什麼你會想要迎合？」

若泉說：「認真想想，好像是因為交往前我有一個明確的目標，就是想和喜歡的人在一起，一切的行動都是朝著這個目標努力，但交往後，我自己就失去目標了，因為沒目標，只好順應對方的目標。」

我見若泉如此說，便知道問題是出在「他欠缺想要的體驗」，於是說：「你不一定需要目標，你需要的是體驗，或者說把體驗設定成目標，才是能夠持續努力的目標。」

若泉問：「那什麼是體驗？怎樣才算是體驗？」

我說：「以我和娜莎來說，我們想創造愉快、笑鬧的氛圍，那就是一種體驗，為了實現這樣的體驗，所以我們各自扮演了調侃者和反調侃者，其他的角色也是的。」

若泉續問：「那我想請問P大，我該怎麼知道，我缺失的角色除了夥伴以外，還有哪些角色呢？」

我說：「那就要看你想要什麼體驗了，完整的體驗，需要你和伴侶各自扮演好『對應的角色』，比如你想當情人，那他就是享受情趣的人。所以現階段你要做的，是釐清你到底想追求怎樣的體驗，你才會知道自己缺了什麼。」

先有想要的體驗，才有想成為的角色

如果你也是角色缺失，想找回角色，但卻在途中處處受阻的人，這時候你要想的就不是「為什麼我成為不了那個角色了」。

你應該想的是，到底我追求的體驗是什麼？創建（找回）角色的順序一定是體驗在先，角色在後。

你因為喜歡教學，所以想成為老師；因為喜歡分享，所以成為演講者；因為喜歡分析，所以鑽研金融投資，人先知道自己喜歡什麼，自會有能量去推動自己去成為什麼。

經過我一番解釋後，若泉點頭表示明白，但旋即又焦急再問：「那釐清體驗之後，我就會知道下一步該怎麼做了嗎？」

我和若泉解釋：「是的，你會得到專屬自己的答案，這過程不會太舒適，因為你需要放下自欺，面對真實的自我，但想要實現幸福，這是絕對必要的。」

若泉說：「我懂了，不過我還想再問最後一個問題，如果我想追求某種體驗，但卻沒有意願成為那個角色，我該怎麼做？」

我笑回：「你的意思是，你追求樂趣的體驗，但你不當開玩笑的人，也想不當反開玩笑的人，你想直接獲得樂趣？」

若泉語帶遲疑說：「對，我知道這樣問很奇怪，也知道自己是矛盾的，可是我心裡就有這樣的感受。」

我正色道：「矛盾是好事，你會感到矛盾，是因為你具有某種強烈的想法，這種想法可以保護你，讓你感到安全。但如果你想改變自我，那它對你的保護就會成為枷鎖，讓你動彈不得。」

若泉問：「那我該怎麼做，才能解開矛盾？」

我說：「最好的解決方式是，你得知道你的矛盾為何存在，理解它存在的理由，當你能理解它，矛盾自會消融，意願也會出現，你也才能找回缺失的角色。」

解開心結，角色自現

找回角色是一個大工程，接續的數週，我一邊協助若泉理解自身矛盾，一邊引導他去探索「他想要的體驗」，在第四週的尾聲，若泉的困境終於有了突破，我發現他的心結是「害怕在關係中提出想法」。

他擔心自己在關係中，要是提出想法、給了意見、表達感受，或是下了某個決定，他可能就需要承擔「被批判的風險」，但他又非常在意被批判，所以他徹底卡住了。

若泉的問題，其實也是許多人都會有的，一個害怕被批判的人，必然在意別人眼光，容易被他人看法左右，也很常會因為怕被罵，壓抑自己的情感與想法。

為了幫若泉找回角色，後續我給了他一套方法，讓他能將自己「怕被批判的恐懼」，轉為「知道批判存在，但能客觀看待，不被其所惑的堅定」，而若泉在認真實踐了三週後，他給了我很有趣的迴響。

若泉說：「我把害怕被批判的恐懼處理掉以後，有一個消失已久的角色突然就回來了，我一時之間還不知道怎麼命名他，但我感受到的是，我開始變得有主見了，而且我也發現，其實我對關係一直都有想法，只是過去的我會先假定自己的想法是錯的，是沒有建設性的，所以即使有想法我也不敢說，可是現在我知道想法就是想法，它沒有對錯，說出想法也不代表會吵架，那只是一種更真實的溝通。」

數週後，若泉結束了和現任伴侶的關係，他說因為他變得太多，結果伴侶很不適應，但微妙的是，兩個月後，若泉和我說他們復合了，並且感情比從前都還要好，他說後來他們把話說清楚，他也把「共創未來的想法」分享給另一半，對方完全認同，現在他們正一起共同編織未來，這樣的幸福讓他很是感動。

如何找回缺失的角色

- ☑ 問問自己，你的角色是何時丟失的？先找出關鍵的時間點，才知道到底發生了什麼。
- ☑ 不要強迫自己去扮演某個角色，重點是，你得搞清楚自己要的體驗是什麼。
- ☑ 停止批判自我，當你不再壓抑自身情感，角色才有重現的可能。

我擁有的幸福如何建構

說了這麼多他人的故事，接著說說我自己的吧，畢竟教你如何掌握幸福的人，自己若是不幸福，那可就沒有說服力了。

我和娜莎從交往到現在，總常被別人問：

「你們的感情為什麼那麼好？」

「你們是怎麼做到無話不聊的？」

「你們在一起都不會無聊，覺得膩嗎？」

「你們吃的住的玩的用的，都和普通人差不多，到底是差在哪裡？」

由於我們倆相處時，是非常沉浸在彼此共創的世界中的，並未過多關注外界，所以一開始聽到這些問題，我們都感到很納悶，我倆的日常在他人眼中，真有如此耀眼和令人欣羨嗎？但隨著提問的人越來越多，我開始花時間去整理，到底我們的相處和他人有何不同。

想不到不整理還好，一整理後才發現，那差距不是一丁點，而是天與地，甚至可以說，我們的感情和他人的感情，根本不在同一維度，所以他人才會好奇、困惑，想破頭仍無法理解我們。

所以在此我會為你解密，我在感情中體會的幸福，究竟是怎樣的感覺，它的本質是什麼。

幸福來自角色的堆疊

我認為幸福的本質，用一句話足以道盡，幸福在於角色的堆疊，你和伴侶之間的角色越多，你們可交流的價值就越多，也因此你們之間的情感維度就越高。

知己

我和娜莎的第一重角色是，知己，我們是彼此的知己。

這裡我特別用知己，而不是最好的朋友，是因為這其中還是有區別的，知己意味著，知我者莫若他，知他者莫若我，我倆對彼此的理解，必然達到了至高至深的程度，才能稱做知己。

擁有一位知己是什麼感覺？他懂你的程度，就和你懂自己的程度相當。以你現在正閱讀的這本書為例，我還沒開始寫之前，和他說了頭，他就推知了尾，有時我僅下了標題，他就能憑標題得知我想寫些什麼。

也不只是寫作，我們在知己層面的相交是全方位的，不論是日常通勤、假日出遊，針對一件極其平凡的小事，我們可以輕易聊上一整天，反覆交換彼此的想法，對於各自擅長的技能、事物，我們也能從感同身受的角度給予欣賞和稱讚。

其中更稀有的是，不論我們向對方提出任何觀點，或表達任何的感受，我們都不會把這看成是批判、指責、說教，這只是我們很普通的日常交流。

我們是伯牙與子期，一人善於演奏，一人長於欣賞，也是蘇東坡與佛印，有惺惺相惜之情，平時也喜歡鬥智鬥力，但倆人都知道那只是幽默，不傷及感情。

因為娜莎的存在，啟發了我寫下前作與本書，其中有諸多靈感，皆來自我們對談的機鋒，娜莎也常言，我的存在啟發了他在工作上的成長與突破，所以我們都常感，人生能得此知己，已死而無憾。

情人

第二重維繫我們關係的角色是，情人。

我們不是在認識的那瞬間，就成為最適配情人的，因為在認識前，雙方各自都談過多段感情，所以在以情人角色相處時，有時候會不自覺帶入「和舊情人相處的習慣」。

這曾讓我們感到困擾，困擾的原因不是因為念舊，對於過去我們早都斷捨乾淨了，困擾的原因是，我應該是專屬於他的情人，他也亦然。

所以我們應該去思量，對方的心動點是什麼，但偏偏我們又是極反傳統的人，雖然我們的性別是男與女，可我身上卻沒有太多男性框架，他也沒有太多女性框架，那問題就來了，我非男，他非女，我們如何成為情人？

好在從相處過程中，我們逐漸發現，情人本就不是因性別而產生，而是因個人感受到的情趣、悸動，還有浪漫，所以才有情人的角色出現。

因此身為男性，我不一定非得要是製造浪漫的人，我也可以享受浪漫，娜莎亦然，身為女性的他，也可以去創造羅曼蒂克的時刻。

舉一個最有代表性的例子是，在我們有共識決定要結婚後，向我求婚的人是他。某次我們到第一次約會的星巴克慶祝週年，取餐時我赫然發現，怎麼杯子上竟有求婚誓詞？細看後才發現是他的手筆，接著我按照杯子的指示上樓，才發現現場竟都是我們的親朋好友，他的精心安排，讓我留下了此生難忘的感動回憶。

夥伴

第三個重量級的角色，是夥伴。

夥伴和家人不同義，家人是不可選擇，血緣賜予的夥伴，很多時候彼此間還有隔閡，是否能成為夥伴也屬未知，但夥伴是你自己選擇的家人。

若要言明此角色的重要性，我會說夥伴的存在，讓我們對彼此的付出可以毫無保留。

在外人的眼中，我是自信教練，是以鼓舞他人為本職的師者，但我仍是活生生、有血有肉的人，我也會有自己的關卡，或是碰上挫折的時候。

娜莎身為我的夥伴，他非常理解，什麼時候該支持我，什麼時候該傾聽，什麼時候該給我建議，那種安心的感覺是無與倫比的，你知道當你有需求，永遠有一個人會在你身旁給你能量，同樣的，我也是如此對待他。

那夥伴代表沒有誤會嗎？當然不是，再怎麼契合的夥伴，也有誤解對方心意的時候，可是夥伴的特殊性就在於，你知道他是善意的，你知道他為總是為你著想，你知道他有無論如何，也要維繫這份羈絆的決心。

我們雙雙感受到對方的決心，因此決定成為更強大的人，好好的守護這段關係的存續，這就是夥伴。

莫逆

第四重的角色很特別，和知己很像，又有些微的出入，我稱其為莫逆。

要理解莫逆，你就得從莫逆的出處去探尋，莫逆一詞出自《莊子》裡的故事，古時候有四個人，分別名為子祀、子輿、子犁、子來。某日他們四人談論道：「要是有誰真正了解死、生、存、亡的意義，我就與他做朋友。」結果四個人都心領意會於生命來自於無而至於有，最後又歸於無，因而四人相視而笑，彼此心意相通，遂結為至交好友。

我和娜莎的關係，和這四人是極其相似的，我倆對世間萬物、還有社會與人情世故的理解是相合的，這讓我們在相處時，可以處在同樣的高度上去思考。

以「對關係的看法」來說，我們都清楚知道，彼此的角色是多重的，所以我們能毫不顧忌的，在對方眼前展示完整的自我，這就給予了關係極大的自由。

他在我面前，可以是情人，可以是知己，可以是夥伴，可以是老師，也可以是學生；我在他面前，可以是P大，可以是伴侶，可以是兄弟，可以是家人，可以是死黨。

我們的相處破除了世俗一切的框架，但又是那麼的自然，且處在每個角色中都是真情流露、本色出演。這即是莫逆的本質，相契而無所違逆。

我們可以是彼此的任何角色

以上四重，即是我們相處時最重要的角色了，當然，我們的角色遠不止如此，實際上還有諸多角色未被提及，但請容我先說明到這，因為再闡述下去，就不是一本書的可交代完的內容了。

透過這四重角色，我想表達的重點很簡單，那就是——我們可以是彼此的任何角色。

那成為任何角色，對關係又有何幫助呢？

舉例來說，在寫到此段文字時，我們的孩子剛出生滿兩個月，這代表我成為了父親，娜莎成為了母親，我看到很多人的人生步入此階段後，常會有感，孩子出生，人會失去自我。

對此我是很困惑的，一個人會成為父母親，或是任何的角色，都來自本人的自由意志，怎麼會成為某角色後，就失去了自我呢？

後來仔細想想我就明白了，人會失去自我，是因為他們對新角色的到來，大多是充滿畏懼的。

他們總是在害怕，本來我們是男女朋友，現在變成夫妻，感情是否依舊，從夫妻再變成父母，感情是否會變質。他們擔心新角色的出現，將會完全取代舊的角色，所以才會有「生小孩後失去自我」這樣的說法出現。

但我和娜莎卻不是這樣思考的，我們在即將成為父母時，就對新角色的即將到來充滿期待。

因為這意味著，身為父母的我們，有其應背負的責任與義務，而我們在承擔這些東西時，將展現出彼此過去從未見到的面貌。**我們期待未知的彼此，正因為未知的存在，才有機會讓我更理解他，他也有依憑更理解我，所以我們在轉換成為父母時，感覺更加幸福了，非但沒有感到失去自我，反而體驗到更接近完整的自我了。**

透過成為任何角色，體會到人生至高的幸福，這是我的真實體驗，也是我對幸

福所能做到最好的親身示範。

我與娜莎的角色堆疊

第一重	知己	我們是完全理解彼此的靈魂伴侶，在各個層面都能深入交流，並互相給對方啟發。
第二重	情人	我們超越了傳統性別框架束縛，在關係中找到了獨特的相處方式，創造了專屬我倆的情趣與浪漫。
第三重	夥伴	我們對彼此的付出毫無保留，永遠支持著彼此，我們都擁有維繫關係的堅定決心，為了守護對方使自己變得更加強大。
第四重	莫逆	我們擁有共同的世界觀，能在對方面前自在的轉換角色，且展露真實的自我。

幸福是：探索關係的無限可能，發現自己的無限潛能

什麼是幸福？

說到這裡，你應該有發現，我在舉例時，盡可能不描述「事件」或是「想獲得幸福該做些什麼」，因為我知道，一旦我給了你框架，你就會落入框架而著相，誤以多約會、多旅行、多談天論地就可以獲得幸福。

並且你若有機會仔細觀察我的生活，你會驚覺，其實從旁人眼中來看，我和娜莎的一天，也沒有什麼特別的。

我們喝過的咖啡，你一定也喝過，我們到訪的景點，你一定也見過，我們品味

的美食，你一定也嚐過，因此這些東西，都和幸福本身無關。

真正的幸福是，在這看似平凡無奇的一天中，我和娜莎的角色，在他人毫無所覺時，悄悄發生了肉眼難見的轉換。

早上，我們牽著手用情人的角色出遊；上車後，我們是一路暢談和思辨的知己；行程誤點，我們一塊想計畫，成了共同解難的夥伴；回程的路上，我們分享彼此的內在感受，互為對方的莫逆。

我想這樣的解釋，就完整解答了開頭的四個問題：

1. 你們的感情為什麼那麼好？

「因為我們在每個角色上都達到至高情感，並具備了多重角色，透過角色堆疊，使情感達到至高維度。」

2. 你們是怎麼做到無話不聊的？

「當我和他的角色無限，那話題就是無限的。」

3. 你們在一起都不會無聊，覺得膩嗎？

「他時刻在提升與變化，我也是，所以我們都從對方身上看到了關係的無限可能，一點都不覺得無聊。」

4. 你們吃的住的玩的用的，都和一般人差不多，到底是差在哪裡？

「差別在角色的深度與廣度，很多人和另一半的關係雖名為『情侶』，可他們的情感水位，實則只達到普通朋友的高度，角色也不夠多重。」

我和娜莎的關係雖名為「夫妻」，但還包含了知己、情人、夥伴、莫逆等我未及言說，幾乎無限的角色。

一般人的幸福，是固有角色的單一態，我們的幸福，是無限角色的疊加態。

本章的最後，讓我再為你定義一次，幸福是什麼吧。

幸福是，你和對方，可以一起探索關係的無限可能，你們可以是知己、是夥伴、是情人、是莫逆，是任何人；幸福是，你們在探索關係的同時，發現自己的無限潛

能，為了成為對方更完整的知己、夥伴、情人、莫逆或任何人，你們自願去提升和完善自我。

這就是幸福的全貌了。

什麼才是真正的幸福

- ☑ 幸福的關鍵不在你們做了什麼，而是你和伴侶在每天的日常中，能否自在的轉換角色。
- ☑ 一般人的感情會碰上瓶頸，是因為他們只有情人的角色，但真正的幸福是，你們可以是知己、夥伴、情人等等，角色越多，能提供給彼此的價值就越多。
- ☑ 當你能和伴侶一起成長，並互相為了對方而變得更好，這種共同進步的過程，就是最棒的幸福了。

後記

每個人都值得被愛

你一定在某處聽過「每個人都值得被愛」，或是「就算現在沒人愛你，你也是一個值得被愛的人」等等諸如此類的心靈雞湯。

我第一次聽到時，內心對此是無比相信的，相信自己值得被愛，這是多麼美好的信念。

可是在歷經現實考驗後，我發現這不是事實，但很有趣的是，事實也不是「你注定沒人愛」，以上兩者的思考角度都是有偏差的。

本書的最後，我會為你說明，如果此刻的你正懷疑，自己是否真的值得被愛，並因為這樣的擔憂讓關係止步不前，你該如何自我調適，並用豐盛的眼光，重新看待何謂值得。

人值得被愛的關鍵是什麼

我很喜歡動漫《火影忍者》中的角色宇治波鼬，他在離世前留給弟弟佐助的最後一句話是：「無論你變成什麼樣子，我都會一直深愛著你。」

年輕時的我，被這句話深深觸動了，加上當時我正處於人生低潮，於是便以這句話當成自己振作的力量。我說服自己去相信，無論自己變成怎樣，世界上總有一個人會深愛著自己。

然而我相信是一回事，現實並不是光靠我想它就能夠實現的，我在經歷感情、友情、職場，還有諸多涉及人際關係的歷練後，發現這句話終歸只是動漫情節。

因為確實有某些時刻，我感到自己是不值得被愛的，這裡所謂的不值得可以分為兩種，第一種是「打從開始就不值得」，第二種是「曾經值得，但後來不值得了」。

先說第一種，打從開始就不值得。我不知道你有沒有體驗過，在你人生的某段時期，沒有人想和你來往，這裡的沒有人，指得可以是同事、朋友，或是有好感的對象。

不論你費盡多少力氣，在他們面前怎樣展示自己的能力、個性、特質，在他們眼中，你就是毫無價值的。

第二種則是，曾經值得，但後來不值得了。你曾經和某人很要好過，他可能是你的戀人、同事、死黨，你們有過一段非常美好的時光，甚至還培養出了革命情感。

但忽然某一天，你在他眼中失去價值了，於是他收回了對你的友愛、敬愛、疼愛，從那之後，你們就像陌生人一樣，再也沒有互動了。

這兩種不值得，讓當時的我陷入了兩難，如果一開始就不值得，那不就代表沒人會搭理我，我要怎麼去談一段感情？而如果曾經值得，後來不值得了，那一段終究會消逝的感情，還有談得必要嗎？【關於第一種困境：打從開始就不值得被愛，

此困境的解決辦法，請參考我的上一本著作《男人的愛情研究室》，我已經把完整的方法都寫在裡頭了。】

為了尋找這背後的答案，這些年來我不斷在尋覓、思考、觀察，到底決定一個人是否值得被愛的關鍵是什麼，怎樣才能讓這份值得被延續。有次我偶然閱讀到《小王子》，裡面的一小段故事，引起我的興趣，故事是這麼寫的：

小王子的故事中，他所在的 B612 星球只有一朵玫瑰花，這朵花因為稀少所以珍貴，而當小王子踏上地球時，發現地球上竟有五千朵玫瑰花，他難過的在草地上哭了起來，原來自己視若珍寶的東西，在這裡竟然俯拾皆是。

後來小王子遇到了狐狸，狐狸說：「對我來說，你還只是一個跟成千上萬個小男孩一樣的小男孩而已。我不需要你，你也不需要我。對你來說，我還只是一隻跟成千上萬隻狐狸一樣的狐狸而已。可是如果你馴服我的話，我們就會彼此需要，你對我來說，就會是這世上的唯一，我對你來說，也會是這世上的唯一……』

狐狸的一番話讓小王子驚醒，他開始明白世界上的玫瑰花很多，但沒有一朵玫瑰花比得上自己親自灌溉、呵護的那朵。」

現在的你，還不值得被我所愛

讀完此故事立刻讓我陷入沉思，因為其所談論的內容，和鼬給佐助的話一模一樣，故事很深刻、很感動，但我想來想去，總覺得缺少了什麼，讓我無法信服。

直到我和娜莎相遇後，某次在我們聊天時，我終於把這情感上我可以明白，可是理智上說不出來的道理給悟通了。

那時我們剛交往不久，但在情感的基礎上，已經是非常不錯的朋友，因此對於很多事都可以直言不諱，我和她正好又聊到了上述難題，於是她問我：

「你覺得，我值得被你所愛嗎？」

由於一直以來我思考的點都是「他人值不值得被愛」，或是「世人值不值得被愛」，對於自身倒沒有認真想過，被這麼一問，忽然愣神了一會兒。

片刻後我說：「現在的你，還不值得被我所愛。」

娜莎聽了一點也沒生氣，反而更感興趣的問我：「哦?那你說說，為什麼我不值得?」

我說：「現在的你，具備了被我所愛的潛力，這份潛力也許未來會兌現，可是就現在而言，用我最誠實的感受來說，我的感覺是你值得被我所喜歡，我也正喜歡著這樣的你，但你還不值得被我所愛。」

娜莎問：「所以你的意思是，不是我永遠不值得，也不是我不夠格，而是因為某些原因，讓我們的關係尚未昇華到愛的層次，是這樣嗎？」

我說：「是，可以這麼說，因此不僅僅是你不值得被我所愛，現在的我，也還不值得被你所愛，你也是這麼想吧？」

娜莎想了想說：「嗯嗯，我喜歡你，是真的非常喜歡的那種喜歡，可是要說你值得被我所愛，好像還缺少了些什麼。」

她此句話一說完，我頓時腦袋靈光一閃，興奮的說：「我把值得被愛的難題解開了。」

隨後我便向她解釋，我所發現的關於「值得被愛的真相」。

關於值得被愛的真相

狐狸對小王子說，在他們相遇之前，兩人都只是世上的芸芸眾生，小王子只是個平凡的男孩，狐狸也只是隨處可見的普通狐狸。可是一旦他們「馴服」了彼此，讓彼此開始互相需要以後，他們倆就再也不是芸芸眾生，而是世界上的唯一。

但此故事沒有講明的地方是，到底「馴服」是怎麼發生的？所謂的馴服，是如同戀愛中的確認關係嗎？當一對戀人確認關係後，他們就會從「仍有疏離感的曖昧」，瞬間變成「彼此需要的真愛」嗎？

這發生的速度未免也太快了吧？

難道小王子也只用一天就馴服了狐狸？短短的一天內，他們就從「互不相干」的關係，變為「互相需要」的唯一了？

如果你還不明白我想表達的，那就再以我和娜莎為例，曾經的我們只是「值得彼此喜歡」，這是經過我們雙方確認感受，無庸置疑的事實。

然而現在我們的感情，卻已經達到了「值得彼此深愛」的程度，那從喜歡到愛之間，究竟發生了什麼？

如果你還記得本書的序章，其實在序章的「人際三本柱」，我已經把所有答案都告訴你了。以下讓我為你一一道來：

1. 愛需要主動創造

你一定聽過有人說，喜歡是淡淡的愛，愛是深深的喜歡，可是從淡怎麼到深，很少人能夠說明其中的奧妙是什麼，我認為其中的奧妙之一就是「主動創造」。

主動創造意味著，你不再任憑運氣、緣分、偶然掌控你和他人的關係，你不再只是等待好事降臨，而是把自己變成主動方，創造你想要體驗的現實。

而當你從被動變為主動，你也會明白，真愛從來就不是等來的，世界上並沒有命中注定的真命天子（天女），但你可以憑自己的努力，改善你現有的關係，讓你們更加適合彼此，成為彼此心中的唯一。

也因此我為主動創造賦予的定義就是：

「從現在這一刻開始，你意識到你生命中的一切都其來有自，或許某些困難和

阻礙確實是命運造成，但你永遠擁有選擇如何面對的權力，所以你會發揮百分之百的積極，朝你的目標努力。」

我和娜莎相處的這些年來，雖然也有摩擦、爭吵，但我們始終堅信我倆可以創造理想中的關係，所以當關係中有什麼事讓我們難過了，我們不會怪罪對方，也從不以受害者自居。

我們會自問：「針對目前自己不滿意的現狀，我們還能夠做些什麼？」也因為這樣的「雙向主動」，我們可以把對方遇到的困難，當成自己身上的困難。

舉個簡單的例子，假設我們承諾了對方某事，但基於某些無法預測的理由，我們法實現承諾，這時我們的態度不是去檢討「你怎能失信於我」，也不是去批判對方「你就是不夠努力」，因為一旦我們這麼想，我們就是在做「責任歸咎」，而不是主動創造了。

同時，我們若對這段關係都有期待，也不會去「考驗」和「刁難」對方，或是要對方向我們證明自己，這都違反了主動創造的原則。

那我們會做些什麼？

我們會去幫助對方「實現這份承諾」，**你想給予我價值，讓自己值得被我所愛，這本身就是一件珍貴的事情，目前的你雖然辦不到，但我感受到了你的心意，所以我非常樂意協助你去創造價值。**

主動創造的最終狀態是，你不僅主動創造了「更值得被對方所愛的你自己」，也主動創造了「更值得被你自己所愛的對方」，當他也這麼做，那你們的關係就會日漸昇華，直至真愛的層次。

2. 愛需要角色堆疊

如果你和伴侶的關係僅僅是情人，這份關係雖然有其價值，但你也得面對一個現實——你不是一天二十四小時，都可以持續製造浪漫，讓生活充滿情趣的。並且當熱戀期的情感褪去，情人的感覺，也會逐漸在關係中變得薄弱。

很多人的感情走到這一步，他們要嘛選擇分手，找下一個能當情人的對象，要嘛安慰自己說，這就是長期關係的常態，於是他們開始晚歸、不回家、假日失蹤，因為待在家裡太乏味了，所以他一點都不想把時間留給伴侶，只想留給朋友。

但你有沒有想過一個可能，如果你的伴侶，就是你最好的朋友，你們之間可以無話不說，那你們的感情，是不是可以達到全新的高度？

那如果你的伴侶，不僅是最好的朋友，還是你可以高度信任的家人，兼打從心裡欣賞的夥伴，以及能談心解憂的知己，這樣的關係是不是能達到「情比金堅」的層次呢？

曾經的我，是不相信這種感情能存在的，我習慣把身邊的人分類，並把每個人安插在適合的位置上，死黨就是死黨，家人就是家人，情人就是情人。

但是在和娜莎認識，並發展出「角色堆疊」的關係後，我發現原來是過往的我太狹隘了，其實人與人之間的情感，遠比我想得還要深廣。

以老師和學生為例，最好的師生關係是亦師亦友，這樣的關係有尊敬與為學，也有交心與自在，師生能夠如此，那伴侶，或是任何一種人際關係，也都存在這樣的可能。

我們倆在相處的過程中，一重一重的建構角色，同時也把社會賦予我們的框架，給一層一層的打破了，不再只是以男友女友、老公老婆、男人女人的角色看待自己，而是成為了知己、夥伴、情人與莫逆。

角色堆疊帶給我們極為富足的快樂，因為在自我提升的過程中，我們發現原來自己具備無窮的潛能，可以成為對方眼中的任何角色，同時也感受到，對方也能成為自己的任何角色。

更可貴的是，這些角色也不是我們去刻意假裝，是我們內在本就具備這樣的潛質，只是遇到了彼此後，各自激發了對方最真實、最完整的自我。

而從值得被愛的角度來看，角色堆疊也能完美的解釋，為何原本我們只是「值得彼此喜歡」，現在卻「值得彼此深愛」了。

因為**角色的深度每增加一分，愛就多增一分，角色的廣度每多一重，愛就添增一重，當角色的深廣同時積累，喜歡就可以蛻變為愛**。

3. 愛需要雙向信任

你無法愛上一個你不理解的人，那種情感也不該稱作是愛，那只是你自己創造的自我感動。

信任在愛中所具有的重要性，和主動創造，以及角色堆疊是相輔相成的。

為什麼我會這麼說？因為信任的本質不是「你相信」，而是「你理解」。

當你看待關係總是採用「我相信」的視角，代表你是把自己的期待，強加在伴侶的身上，那當伴侶無法回應你的期待，或他的表現不符期待時，你必然會感到受傷，伴侶也會因無能滿足你的期待而感到愧疚。

但如果你明白了信任的根本源於理解，你就能看透關係的本質，不再用我相信來為難自己，苛責對方。

過去的你，當你讓伴侶的期待落空了，原本的你會感到自責、內疚，批判自己為什麼做不到，但現在你知道，落空是一種現象，代表你對他的理解，還有更加完整的空間。

因此你真正需要做的，是去搭建理解的橋樑，讓雙方的溝通可以更加順暢。

如果你的伴侶也明白何謂信任，那他也會知道，當你沒能回應他的期待，這不是你單方面的問題，而是傳遞理解的過程出了問題。

這時他必定會和你一起加入理解橋樑的建構，重新校正你們的信任。

而當你們雙方的思維趨於一致，從此刻開始，關係就會從「單方面的各自盲信」昇華為「雙方面的正向互信」，此時若再把角色堆疊，還有主動創造的思維加入其中，三者互相作用後，關係的溫度、高度、維度就進入了生生不息的流轉，你們也會感悟到，這就是彼此互為靈魂伴侶的感覺，這是多麼美好、真摯的感受。

這可能和你以往認知的真愛大相逕庭，過去人們總以為，世界上一定有某個人，他就是自己的真愛。

可是在你悟通這一切後，你會知道，世上不存在「為你準備好的真愛」，幸福也不是高掛在樹上的果實，需要踏上婚姻的階梯才能採摘，任何一段感情，也不會從一開始就達到「彼此都值得被愛」。

但你絲毫不會對此感到灰心，因為此刻的你也知道，**真愛本不存在，但你可以和伴侶攜手創造，讓彼此成為彼此的真愛，你們現在的關係也許角色有限，但透過角色堆疊，可以實現更高維的情感，你們過去曾經只值得被對方喜歡，但只要你們願意，未來彼此都能「值得被對方深愛」**。

寫給讀完這本書的你

我在寫這本書的時候，花了很久的時間琢磨，我到底該怎麼寫，才能把我感受到的幸福，完整的傳遞給你，同時也讓你明白，掌握幸福的方法是可以被學習的。

我不想讓你以為幸福很簡單，所以提醒了你關係會經歷磨合，信任可能會破碎，付出也可能不被看見；

我不想讓你以為幸福遙不可及，所以我為你說明了關係的本質，幸福是怎麼來的，靈魂伴侶的情感又是什麼。

在經過無數夜晚的苦思和淬鍊後，最終才鑄就了本書的誕生，而在撰寫本書的同時，我和娜莎的關係又再次昇華，我們迎接了新生命的到來，從夫妻變為了父母。

我們對孩子的到來感到非常喜悅，因為上天又給了我一次機會，讓我們能從頭開始，和孩子一起完整的走過建構幸福的旅程。

雖然他尚在襁褓，連牙牙學語都還未及，且此刻的我和他角色有限，堆疊也尚未發生，但我知道，未來的某一天，他和我會互相理解，我們仨人必會攜手實現，專屬於我們的高維情感，因此我在心裡默默和他說了：「無論你變成怎樣，我都會深愛著你。」

我懷著這樣的心情寫下這本書，也希望讓不信真愛，感受不到幸福，或不認為自己值得被愛的你明白，值得被愛的種子早已在你心田，若你能用主動創造為它施肥，用角色堆疊為它翻土，用雙向信任為它灌溉，屬於你的幸福，必然會開花結果。

P.S. 如果你喜歡這本書，對關係、情感等本書涉及的主題想進一步了解，也歡迎你掃描以下的 QR CODE 訂閱我的電子信，我會不定期將最新的文章寄給你。

掃我看更多內容

Mr. P

自信教練

理工背景出身的人性觀察家，曾經也是感情迷失者，找不到關係的意義，為了解開情感難題花費多年鑽研，如今已走過迷惘，找到自己的靈魂伴侶。

過去常於批踢踢寫文分享，人稱Ｐ大，現為自信力課程創辦人，從事教練工作超過十年，開創高維關係系統。專注於幫人們解開關係難題，包括如何篩選合適伴侶、建立無條件信任、衡量感情付出等，已協助過上千人在關係中找回自信心。

受東森健康雲邀請設立專欄，前作品《男人的愛情研究室：談一場不追不求的戀愛》廣受心理師推薦，被學員稱為感情末世的最後一道曙光。

期望翻開這本書的人，能重新定義自己的愛情觀，解開關係中的猶豫，創造屬於自己的幸福藍圖。

成為對的人，比找到對的人更重要

不是愛情出了問題，而是認知需要升級！

作者 —— Mr. P
設計 —— 張巖
副總編輯 —— 楊淑媚
校對 —— Mr. P、楊淑媚
行銷企劃 —— 謝儀方

總編輯 —— 梁芳春
董事長 —— 趙政岷
出版者 —— 時報文化出版企業股份有限公司
108019 台北市和平西路三段二四〇號七樓
發行專線 ——（02）2306-6842
讀者服務專線 —— 0800-231-705、（02）2304-7103
讀者服務傳真 ——（02）2304-6858
郵撥 —— 19344724 時報文化出版公司
信箱 —— 10899 台北華江橋郵局第 99 信箱
時報悅讀網 —— http://www.readingtimes.com.tw
電子郵件信箱 —— yoho@readingtimes.com.tw
法律顧問 —— 理律法律事務所　陳長文律師、李念祖律師
印刷 —— 勁達印刷有限公司
初版一刷 —— 2025 年 3 月 21 日
初版二刷 —— 2025 年 7 月 9 日
定價 —— 新台幣 450 元

成為對的人，比找到對的人更重要 /Mr. P 作 . -- 初版 . -- 臺北市 : 時報文化出版企業股份有限公司 , 2025.03 面 ;　公分
ISBN 978-626-419-302-3(平裝)
1.CST: 戀愛 2.CST: 性別關係 3.CST: 戀愛心理學

544.7　　114002393